D1670733

rororo rotfuchs
Originalausgabe

Redaktion Renate Boldt
Umschlagillustration Gabriele Willbrandt
rotfuchs-comic Jan P. Schniebel

Veröffentlicht im Rowohlt Taschenbuch Verlag GmbH,
Reinbek bei Hamburg, September 1983
Copyright © 1983 by Rowohlt Taschenbuch Verlag GmbH,
Reinbek bei Hamburg
Umschlagtypographie Manfred Waller
Alle Rechte vorbehalten
Gesetzt aus der Garamond (Linotron 404)
Gesamtherstellung Clausen & Bosse, Leck
Printed in Germany
680-ISBN 3 499 20343 x

Helmar Klier

Geschichten von Pauline

Bilder von Gabriele Willbrandt

Rowohlt

Helmar Klier, 1943 geboren: Studium der Theater- und Kommunikationswissenschaft (M. A.). Pädagogische Tätigkeit. Mehrere Jahre wissenschaftlicher Mitarbeiter des Münchner Instituts für Zeitgeschichte in einem Forschungsprojekt zur deutschsprachigen Emigration. Jetzt verantwortlicher Redakteur eines Münchner Anzeigenblattes, freier Schriftsteller und Fotograf. – Veröffentlichungen: u. a. (Hg.) Theaterwissenschaft im deutsch-

sprachigen Raum (1981); (Co-Autor) International Biographical Dictionary of Central European Emigrés, 1933–1945 / Biographisches Handbuch der deutschsprachigen Emigration nach 1933, Bd. II (1983); Kinder- und Jugendbuchbeiträge u. a. für die rotfuchs-«Weckbücher». Die «Geschichten von Pauline» sind Helmar Kliers erstes komplettes Kinderbuch.

Gabriele Willbrandt, 1959 geboren: Studium an der Kunstschule Alsterdamm, Hamburg. Seit 1982 freiberufliche graphische Arbeiten und Tätigkeit als Artdirector Assistant in einer Hamburger Werbeagentur.

Inhalt

die, die in diesem Buch wichtig sind:

Pauline

Mutter + Vater

Trulli

Judith

Georg 1

Brummel

Für Verena

Warum hab ich bloß so einen blöden Namen?

fragt Pauline. «Niemand heißt
so, niemand!»
«Das ist doch ein schöner
Name: Pauline», sagt die Mutter. «Mir gefällt er.»
«Mir auch», meint der Vater.
«Wir haben damals lange
überlegt, welchen Namen wir
dir geben sollen. Und Pauline
hat uns am besten gefallen.»
«Außerdem heißt deine Tante
so», sagt die Mutter.
«Das ist mir egal», ruft Pauline. «Und die Tante ist mir
auch egal ...»
«Na, na», sagt die Mutter.
«... und mir gefällt der Name
nicht!»
«Wie möchtest du denn heißen?» fragt der Vater.
«So wie Judith», sagt Pauline,
«oder wie Gwendolyn.»
Das sind Paulines beste Freundinnen.
«Das wäre aber blöd», sagt die
Mutter. «Wenn ich dich Judith
oder Gwendolyn rufen würde,
wer ist dann gemeint: du oder
deine Freundinnen?»

«Stimmt», sagt Pauline. «Dann eben Winnetou.» «Das geht nicht», sagt der Vater. «Das ist ein Männername.»

«Ich will ja auch kein Mädchen sein», sagt Pauline, «sondern ein Junge und am liebsten ein Indianer.»

«Aber Pauline», sagt die Mutter, «du bist halt nun mal ein Mädchen.»

«Und Indianer, das ist man oder ist es nicht», sagt der Vater, «das kann man nicht einfach werden.»

«Doch!» ruft Pauline. «Im Fasching! Da seht ihr mal, was ihr dauernd für einen Blödsinn redet. Ich hör mir das nicht mehr an.»

Pauline steht auf. «Du regst mich auch auf», sagt sie zu Trulli, dem kleinen schwarzen Hund, der unter dem Tisch liegt und schläft. «Du sagst auch nie was Gescheites. Schlafen, bellen und fressen kannst du, sonst nichts.»

Und Pauline geht raus und schlägt die Tür hinter sich zu. Denen werd ich's zeigen, denkt sie. Ich heiße jetzt Winnetou und bin ein Indianerjunge. Und wenn sie mich wieder Pauline rufen, hör ich einfach nicht hin. Bis sie's kapiert haben.

Die Ferien sind vorbei

Pauline geht wieder in den Kindergarten. Es ist ihr letztes Jahr, denn nächsten Herbst kommt sie in die Schule. Pauline ist stolz darauf, daß sie zu den Größeren gehört. Das sind die Finken. Die Kleineren heißen Meisen und die ganz Kleinen Spatzen. Das hat sich die Kindergärtnerin, Frau Hornig, ausgedacht.

Georg, das ist Paulines bester Freund, sagt zur Kindergärtnerin immer Frau Honig. Dann müssen die Kinder alle lachen. Frau Hornig ist aber gar nicht böse und lacht mit. «Na warte», droht sie vielleicht manchmal. Aber Georg kann lange warten. Frau Hornig tut ihm nichts.

Heute sind alle Kinder ganz aufgeregt. Fünf Wochen lang haben sich die meisten nicht gesehen. Einige sind in den Ferien zu Hause geblieben, aber viele waren weg: bei den Großeltern oder mit den Eltern im Gebirge oder am Meer. «Ich war in Italien», ruft Oliver, «an der Adria!»

«Blöde Adria», sagt Georg. «Wir waren viel weiter weg, in Spanien.»

«Die Adria ist nicht blöd!» schreit Oliver.

«Doch!» schreit Georg zurück. «Meine Eltern sagen das, und nie, nie fahren wir dahin.»

«Mir hat's dort aber gefallen», sagt Oliver und heult jetzt fast.

«Aber ihr werdet doch wegen so etwas nicht streiten», sagt Frau Hornig und fragt dann Pauline: «Wo warst denn du?»

«Bei meiner Oma und meinem Opa», sagt Pauline. «Wir fahren immer schon in den Pfingstferien ans Meer.»

«An die Nordsee?» fragt Stefan.

«Auch nach Spanien?» fragt Georg.

«Nein», sagt Pauline, «an die Adria.»

«Ätsch!» schreit Oliver triumphierend zu Georg. «Da siehst du's. Sie fährt auch an die Adria.»

«Selber schuld», sagt Georg.

«Schluß jetzt, Kinder!» ruft Frau Hornig. «Wir machen unseren Stuhlkreis, und ich lese euch eine Geschichte vor.»

«Au fein!» Die Kinder drängeln sich um die Plätze. Die Ferien sind schon wieder vergessen.

Auf dem Spielplatz

«Dir werd ich helfen!» schreit Pauline und schlägt auf den Jungen in der Sandkiste ein, der viel größer als sie ist. «Warum hast du mir meine Burg kaputtgemacht? Du Schwein, du blödes!»

«Weil du meine kaputtgemacht hast!» schreit der Junge zurück und gibt Pauline einen Schubs, daß sie in den Sand fällt.

«Das war ich nicht!» ruft Pauline.

«Kann jeder sagen!» schreit der Junge. «Und jetzt hör auf mit der Prügelei! Ich bin ja doch stärker als du.»

«Du feiges Schwein!» heult Pauline wütend. «Ich sag's meinem großen Bruder, der verhaut dich.»

«Du hast ja gar keinen großen Bruder.»

«Dann sag ich's meinem Vater!»

«Wenn mich dein Vater verhaut», sagt der Junge, «dann kommt mein Vater und verhaut deinen Alten.»

«Meiner ist stärker!» ruft Pauline.

«Nein, meiner», sagt der Junge und geht weg.

«Wirst schon sehen!» schreit ihm Pauline hinterher.

Sie steht auf und klopft sich den Sand aus der Hose. «Dem werd ich helfen», sagt sie wütend und schlägt mit dem Fuß in den Sand.

«Was machst du da?» ruft ein kleines Mädchen. «Das soll doch meine Sandburg werden. Bist du aber gemein!»

«Sag's doch deinem großen Bruder!» schreit Pauline wütend.

«Ich habe keinen Bruder», sagt das Mädchen.

«Dann sag's deinem Vater!»

«Ich habe keinen Vater.»

«Jeder hat einen Vater», sagt Pauline.

«Ich nicht», antwortet das Mädchen.

«Meine Mama sagt immer, daß mein Vater einfach weggegangen ist.»

Einfach weggegangen – wo gibt's das? denkt Pauline. Und sie sagt: «Komm, ich helfe dir deine Sandburg wieder aufbauen.»

So ein schöner Herbst!

sagt Paulines Vater. «Wir sollten noch einmal im Garten grillen, bevor es zu kalt dazu wird.»

«Muß das sein?» fragt die Mutter. «Die viele Arbeit mit dem Raus- und Reinschleppen von dem Geschirr. Und so warm ist es doch gar nicht mehr.»

«Ach, hab dich nicht so», sagt der Vater. «Lange genug werden wir jetzt zum Essen in der Bude sitzen müssen.»

«Na, wenn du meinst», seufzt die Mutter. «Aber ich mache nicht alles alleine.»

«Ich helfe dir», sagt Pauline.

«Und ich zünde schon mal den Grill an», sagt der Vater.

Pauline sieht zu, wie die Mutter die Würstchen auspackt und sie mit einem scharfen Messer mehrmals quer anritzt. «Warum machst du das?» fragt sie.

«Damit sie nachher auf dem Grill nicht platzen», erklärt die Mutter.

«Aha», sagt Pauline. Aber verstanden hat sie das Ganze nicht.

«So, jetzt können wir zusammen den Salat anmachen», sagt die Mutter.

«Ja, ich will ihn schneiden!» ruft Pauline.

«Das tu ich lieber selber», sagt die Mutter, «das ist zu gefährlich für dich.»

«Immer ist alles zu gefährlich», mault Pauline, «nichts darf ich.»

«Doch, du darfst mir Essig und Öl bringen», sagt die Mutter. Sie rührt beides zusammen. «Und jetzt brauche ich Salz und Pfeffer.»

«Das will ich reintun!» ruft Pauline.

«Wenn du meinst», sagt die Mutter. «Aber vorsichtig!»

Behutsam streut Pauline Salz in die Salatsoße. «Ist's so richtig?»

«Ja», sagt die Mutter, «und jetzt den Pfeffer.»

Wieder streut Pauline ganz vorsichtig, da geht der Deckel vom Pfefferstreuer ab, und der ganze Inhalt fällt in die Soße.

Pauline schaut erschrocken.

«Das war's wohl», meint die Mutter. «Wir müssen noch einmal von vorne anfangen. Hoffentlich habe ich noch Pfeffer im Haus. Nur gut, daß der Salat noch nicht in der Soße war.»

Tatsächlich finden die beiden noch ein Päckchen Pfeffer, und ein zweites Mal passiert Pauline das Mißgeschick nicht.

Dann machen sie alle eine Kette. Der Vater hat inzwischen im Garten den Grill angezündet und den Tisch gedeckt. Die Mutter gibt Geschirr, Gläser, Besteck, Würstchen, Salat, Brote und Getränke an Pauline weiter, und die gibt es dem Vater.

Der Grill raucht. «Er zieht heute nicht besonders», sagt der Vater.

«Ich hab's ja gleich gesagt», meint die Mutter. «Wer grillt um diese Zeit noch?»

«Wir», sagt der Vater.

Dann legt er die Würstchen auf den Rost. «Autsch!» ruft er, denn er ist mit den Fingern auf das heiße Eisen gekommen.

«Soll ich den Notarzt rufen?» fragt die Mutter.

Der Vater wird ein bißchen rot im Gesicht, sagt aber nichts.

«So, die erste Ladung ist fertig!» ruft er nach einer Weile. «Her mit den Tellern!»

«Hm, wie das duftet», sagt Pauline. «Schön, daß wir heute noch mal grillen, Grillwürstchen sind meine Leibspeise!»

«Und was ist mit Spaghetti und Milchreis?» fragt die Mutter. «Das waren doch neulich deine Leibspeisen.»

«Ja, die mag ich auch», sagt Pauline. «Aber heute sind Grillwürstchen meine Leibspeise.»

«Spaghetti oder Milchreis hätten wir drinnen essen können», meint die Mutter.

«Guten Appetit», sagt der Vater, «heute wird halt gegrillt.»

Unter dem Tisch liegt wie meistens, und vor allem zu den Essenszeiten, Trulli, der kleine schwarze Hund. Pauline könnte ja beim Essen etwas fallen lassen.

Und da ist es schon passiert. Beim Schneiden flutscht ein Würstchen unter Paulines Gabel weg und fällt auf den Boden.

«Ach, Pauline», seufzt die Mutter. «Mußt du Trulli immer was abgeben?»

«Laß doch», meint der Vater, «sie wird es schon noch lernen.»

Später sitzen sie alle um den Tisch und sind satt und müde.

«Ich möchte schmusen», sagt Pauline.

«Na, komm schon», sagt ihr Vater.

Sie klettert auf seinen Schoß und schmiegt sich in seine Arme.

«Aber nicht zu fest schmusen», sagt sie, «sonst kratzt mich dein Bart.»

«Nein, nur ganz leicht», sagt der Vater.

«Hilfst du mir nicht abräumen?» fragt die Mutter.

«Später», wehrt Pauline ab.

«Das hat doch Zeit», meint auch der Vater.

«Ich fang trotzdem schon mal an», sagt die Mutter.

«Warum hast du eigentlich einen Bart?» will Pauline plötzlich wissen.

«Weil es mir so gefällt», sagt der Vater.

«Aber Georgs Vater hat keinen Bart», meint Pauline.

«Der mag es halt lieber anders», sagt der Vater.

Langsam wird es dunkel. «Was sind das für helle Punkte?» fragt Pauline.

«Das sind Glühwürmchen», sagt der Vater, «die leuchten in der Dunkelheit.»

«Und was ist das für ein komisches Geräusch?»

«Das sind Grillen», erklärt der Vater.

«Heißen die so, weil man sie grillen kann?»

«Nein», lacht der Vater, «die heißen nur so. Sie sehen aus wie Heuschrecken. Möchtest du die essen?»

«Bäh, pfui!» sagt Pauline.

«Aber es ist schön, daß wir die Grillen dieses Jahr so lange hören können», meint der Vater. «Es war wirklich ein schöner Herbst.»

Trotzdem freue ich mich auf den Winter, denkt Pauline.

«Es wird kühl», sagt der Vater. «Wir wollen uns keinen Schnupfen holen. Komm, laß uns reingehen.»

«Darf ich noch die Mainzelmännchen sehen?» fragt Pauline.

Der Vater nickt. «Von mir aus. Aber erst tragen wir noch die Schüsseln ins Haus.»

Pauline hat Angst

Sie ist plötzlich aufgewacht. Der Wind weht die Vorhänge am offenen Fenster hin und her. Der Boden knarzt. An der Wand bewegen sich Schatten.

Ob das Gespenster sind? denkt Pauline.

Sie ruft: «Mama!» Dann lauter: «Maamaa!!»

Die Mutter kommt verschlafen in das Zimmer. «Was ist los, Pauline?»

«Ich hab Angst. Da sind Gespenster im Zimmer.»

«Es gibt doch keine Gespenster», sagt die Mutter.

«Doch!» sagt Pauline. «Ich hab sie gesehen. Da, da und da.»

Die Mutter macht Licht. «Wo sind die Gespenster?»

«Jetzt sind sie weg», sagt Pauline. «Aber wenn du das Licht ausmachst, sind sie wieder da.»

«Was ist denn hier los?» fragt der Vater, der gähnend ins Zimmer kommt.

«Sie hat Angst», sagt die Mutter. «Sie glaubt, daß hier Gespenster sind.»

«Sie sind da! Ich habe sie gesehen!» ruft Pauline.

«Ist doch alles Unsinn», meint der Vater. «Es gibt keine Gespenster. Trulli würde sie schon verjagen, wenn es welche gäbe.»

«Ach der», wehrt Pauline ab. «Aber ich hab Angst. Hast du nie Angst?»

«Nein», sagt der Vater. «Das heißt, doch. Manchmal schon.»

«Siehst du. Und ich hab eben auch Angst. Wovor hast du denn Angst?»

«Ich habe manchmal Angst», sagt der Vater, «wenn ich ... na ja, zum Beispiel beim Autofahren, wenn die Straße glatt ist.

Oder wenn ich in einem Hochhaus mit dem Aufzug fahren muß. Oder manchmal einfach so. Und dann habe ich Angst, daß wir mal nicht mehr genug Geld haben. Oder daß es Krieg gibt.»

«Das sind aber doch keine Gespenster», sagt Pauline.

«Sicher nicht», sagt der Vater. «Aber es gibt Schlimmeres als Gespenster. Und davor habe ich manchmal Angst.»

«Und du?» fragt Pauline die Mutter. «Hast du auch manchmal Angst?»

«Natürlich», sagt die Mutter. «Oft sogar.»

«Was tut man gegen Angst?» fragt Pauline.

«Ich denke», sagt der Vater, «das Beste ist, wenn man drüber redet. Dann verschwindet die Angst meistens von selbst.»

Pauline schaut in ihrem Zimmer umher. «Ich glaube, heute kommen die Gespenster nicht mehr», meint sie. «Darf ich trotzdem bei euch schlafen?»

«Na, komm schon, kleiner Angsthase», sagt die Mutter.

Später, im großen Bett zwischen den Eltern, denkt Pauline: Sollen sie ruhig kommen, die Gespenster. Hier können sie mir nichts tun. Aber was ist Krieg?

Da ist die Polizei schon

Pauline hat die Sirene bereits von weitem gehört. Jetzt hält das Auto hinter ihnen an. Die Sirene ist nun abgeschaltet, aber auf dem Dach des Autos dreht sich das Blaulicht. Einer der beiden Polizisten steigt aus und kommt auf Pauline und ihre Mutter zu. Er ist jung, hat aber einen mächtigen Bart. Nicht so einen wie Paulines Vater, sondern einen, der sich über die Oberlippen schwingt. Noch nie hat Pauline einen solchen Bart gesehen.

«Jemand verletzt?» fragt der Polizist.

«Nein», sagt Paulines Mutter.

Inzwischen ist auch der andere Polizist ausgestiegen und hat ein Warndreieck ein paar Meter hinter dem Polizeiauto auf die Straße gestellt. Pauline kennt das, denn ihre Mutter hat auch ein solches Dreieck im Auto.

«Dann wollen wir den Unfall mal aufnehmen», sagt der Polizist mit dem Bart und holt Notizbuch und Stift heraus.

«Ihr Name, verehrtes Fräulein?» sagt er zu Pauline.

Pauline hält sich noch ein bißchen fester an der Hand ihrer Mutter fest. «Pauline», flüstert sie.

Der Polizist legt eine Hand ans Ohr und sagt: «Wie bitte? Ich hab's nicht verstanden.»

«Pauline», sagt Pauline jetzt lauter.

«Aha», sagt der Polizist und lacht.

«Du brauchst keine Angst vor ihm zu haben», meint Paulines Mutter.

«Braucht sie nicht», sagt der Polizist. «Kann ich mal Ausweis und Führerschein sehen – und die Kraftfahrzeugpapiere?»

Paulines Mutter kramt in ihrer Handtasche und holt die Papiere heraus. Was man nicht alles zum Autofahren braucht! denkt Pauline.

«So – und nun zu Ihnen», sagt der Polizist. Dabei schaut er den jungen Mann an, der auch dabeisteht. «Sie sind an dem Unfall beteiligt?»

«Ja», sagt der junge Mann und schaut ganz traurig.

«Sind Sie auch wirklich nicht verletzt?» fragt der Polizist.

«Nein, wirklich nicht», sagt der junge Mann.

«Und was ist das?» Der Polizist deutet auf die Hose des jungen Mannes. Sie ist am Knie zerrissen.

«Das ist nichts», sagt der junge Mann, «es ist nur die Hose.»

«Besser, Sie gehen doch nachher zu einem Arzt – zur Sicherheit», sagt der Polizist.

«Jetzt zum Unfallhergang.» Und dabei schaut er Pauline an.

Meint der mich? denkt Pauline und schaut fragend ihre Mutter an.

«Kleines Fräulein, können Sie mir erzählen, wie der Unfall passiert ist?» fragt der Polizist freundlich.

«Na, red schon», sagt Paulines Mutter.

«Das war so», sagt Pauline. «Meine Mama wollte mit mir zu Gwendolyn fahren ...»

«Deine Freundin?» fragt der Polizist.

«... ja», sagt Pauline und ist plötzlich ganz stolz, daß sie so wichtiggenommen wird. «Da ist es passiert. Ein Auto vor uns ist auf einmal nach links gefahren. Und da mußte meine Mama scharf bremsen. Und da hat es hinter uns gekracht.»

«Sie sind also aufgefahren?» sagt der Polizist zu dem jungen Mann, der immer noch ganz traurig schaut.

«Ja», sagt der, «ich konnte nicht mehr rechtzeitig bremsen.»

«Dann wollen wir mal den Schaden feststellen», sagt der Polizist. Er schaut sich das Auto von Paulines Mutter hinten genau an. «Stoßstange eingedrückt, die Hecktür verbeult – das sind Bagatellen», sagt er.

Was sind Bagatellen? denkt Pauline.

«Ein paar Hunderter wird es aber wieder kosten», sagt Paulines Mutter. «Dabei habe ich den Wagen erst in der Werkstatt gehabt.»

«Das können Sie wegwerfen», sagt der Polizist zu dem jungen Mann und deutet auf sein Motorrad, das am Boden liegt. Es sieht auch wirklich schlimm aus: alles verbogen und verbeult.

«Ja», sagt der junge Mann und schaut jetzt noch trauriger. «Und ich hab so lang darauf gespart.»

«Haben Sie Ihren Schutzhelm getragen?» fragt der Polizist.

«Sicher doch», sagt der junge Mann.

«Und Sie, kleines Fräulein, waren Sie angeschnallt?» fragt der Polizist Pauline.

«Wir schnallen uns immer an!» ruft Pauline triumphierend.

«Recht so», sagt der Polizist. «Damit hätten wir's. Das Weitere müssen Sie mit Ihren Versicherungen abmachen. Und Sie», sagt er und schaut den jungen Mann an, «sollten doch vorsichtshalber zu einem Arzt gehen.»

«Ja», sagt der, «mach ich.» Aber er schaut nur traurig auf sein kaputtes Motorrad.

«Dann also gute Fahrt, kleines Fräulein», sagt der Polizist zu Pauline und tippt an die Mütze. «Bis zum nächstenmal.»

«Lieber nicht», sagt Paulines Mutter.

«So ein dummer Unfall», sagt sie später auf der Weiterfahrt. «Am meisten tut mir eigentlich der junge Mann leid. Aber Gott sei Dank ist ihm nichts passiert.»

Ich wär auch traurig, wenn mein Fahrrad so kaputt wäre wie sein Motorrad, denkt Pauline.

Dann sind sie bei Gwendolyns Mutter angekommen. Gwendolyn steht schon in der Tür. «Wo bleibt ihr denn so lange?» fragt sie.

«Wir haben einen Unfall gehabt!» ruft Pauline stolz.

«Ehrlich?» fragt Gwendolyns Mutter.

«Leider», sagt Paulines Mutter, «es ist aber nichts Schlimmes.»

«Und mich», ruft Pauline, «mich hat der Polizist gefragt, wie's passiert ist! Und er hat immer Fräulein zu mir gesagt!»

«Dann kommt mal alle rein», sagt Gwendolyns Mutter, «auch Sie, kleines Fräulein!»

«Angeberin», flüstert Gwendolyn und knufft im Vorbeigehen Pauline in die Seite.

Ich muß aufs Oktoberfest

sagt Paulines Vater. «Wer geht mit?»

«Wer muß schon aufs Oktoberfest!» sagt Paulines Mutter. «Einen ansaufen wirst du dir wollen.»

«Du weißt genau, daß das nicht stimmt», sagt der Vater und schaut ziemlich böse. «Du weißt auch, daß ich den Rummel nicht ausstehen kann. Ich muß hin, weil ich ein paar Fotos für meine Zeitung machen muß.»

«Deine Zeitung», sagt die Mutter, «das ist doch gar nicht deine Zeitung.»

«Laß uns nicht streiten», sagt der Vater. «Natürlich gehört die Zeitung nicht mir, aber ich schreibe und mache Fotos für sie. Also noch einmal: Wer geht mit?»

«Ich nicht», sagt die Mutter.

«Aber ich!» ruft Pauline und denkt: Warum streiten die so oft in letzter Zeit?

«Also gut», sagt ihr Vater. «Du darfst auch noch jemanden mitnehmen – Georg? Judith?»

«Nein», sagt Pauline. «Ich will Bettina mitnehmen.»

Bettina wohnt ein paar Häuser weiter. Sie geht schon in die Schule. Aber hin und wieder spielen Pauline und Bettina zusammen.

«Also Bettina», sagt der Vater. «Bevor wir aber gehen, müssen wir etwas besprechen. Auf dem Oktoberfest ist alles sehr teuer. Ich kann dich also nicht dauernd Karussell fahren lassen oder dir ständig was zum Essen und Trinken kaufen. Sagen wir, daß du zehn Mark verbrauchen darfst?»

«Ja», sagt Pauline, «zehn Mark ist doch viel!»

«Wart's ab», meint der Vater.

«Ist da auch dein Bier dabei?» fragt die Mutter.

«Du weißt genau, daß ich kein Bier bei der Arbeit trinke», sagt der Vater, «und dort schon gar nicht.»

«Arbeit – daß ich nicht lache», sagt die Mutter.

«Und noch etwas», sagt der Vater zu Pauline. «Auf dem Oktoberfest ist ein solcher Trubel, daß wir uns verlieren könnten. Versprichst du mir, daß du immer in meiner Nähe bleibst?»

«Ja, natürlich», sagt Pauline.

Dann holen sie Bettina ab und gehen zur S-Bahn.

«Warum fahren wir nicht mit dem Auto?» fragt Pauline.

«Weil wir keinen Parkplatz finden würden», sagt ihr Vater.

«Außerdem gehört das Auto deiner Mutter und nicht mir.»

«Warum kaufst du dir kein eigenes?» fragt Pauline weiter.

«Ich brauch keins», sagt der Vater, «ich komme auch so überall hin und spare einen Haufen Geld dabei.»

Von der S-Bahn-Station müssen sie noch ein paar Minuten laufen. Dann sind sie da. Pauline war schon öfter auf einem Jahrmarkt. Aber so etwas hat sie noch nie gesehen: so viele Zelte und Buden, Achterbahnen, Karussells und Riesenräder. Und Leute! Dicht an dicht schieben sie sich aneinander vorbei.

«Das ist ja riesig», sagt sie.

«Hab ich doch gesagt», sagt ihr Vater. «Drum müssen wir zusammenbleiben.»

«Ich will in die Geisterbahn!» ruft Bettina.

«Du auch?» fragt der Vater Pauline.

«Ich weiß nicht», meint Pauline. «Sind da echte Geister drin?»

«Ach wo», sagt Bettina, «die sind nur aus Pappe.»

«Dann möcht ich auch in die Geisterbahn», sagt Pauline.

«Muß ich mitfahren?» fragt der Vater.

«Nein», sagt Pauline und denkt: Lieber wär's mir schon.

Der Eintritt kostet zwei Mark. «Jetzt haben wir noch acht Mark», sagt Paulines Vater.

Pauline und Bettina setzen sich in einen der kleinen Wagen. Aus dem Inneren der Geisterbahn kommen unheimliche Geräusche, und Leute kreischen, als ob sie Angst hätten.

«Brauchst keine Angst zu haben», sagt Bettina, «ich bin ja bei dir.»

Der Wagen fährt mit einem Ruck an. Pauline will ihrem Vater

winken, aber der schaut gar nicht her, weil er gerade Fotos macht. Da sind sie auch schon durch eine Pendeltür drin in der Geisterbahn. Der Wagen fährt ganz scharfe Kurven. Plötzlich steht da eine Figur mit glühenden Augen, und eine weiße Hand kommt auf Pauline zu.

Ich will hier raus, denkt Pauline, ich hab Angst. Und sie schließt die Augen. Bettina neben ihr kreischt vergnügt. Nicht lange, und sie sind wieder im Freien.

«Na, wie war's?» fragt der Vater. «Du bist ja ganz blaß.»

«Schön war's», sagt Pauline und denkt: Gut, daß sie nicht wissen, daß ich die Augen zugemacht habe. Nie mehr will ich da rein.

«So, und was jetzt?» fragt der Vater.

«Karussell fahren!» ruft Pauline.

«Das ist doch kindisch», meint Bettina. «Ich fahr mit dem Autoscooter.»

«Soll halt jeder das machen, was er will», sagt Paulines Vater. Er drückt Pauline die Karussellmarke in die Hand. «Kostet auch zwei Mark», sagt er. «Jetzt haben wir noch sechs Mark.»

Daß das Geld so schnell weggeht, hätte ich nicht geglaubt, denkt Pauline, während sie mit dem Karussell fährt. Und Bettina hat schon recht. Karussellfahren ist eigentlich kindisch.

Sie gehen weiter. Pauline fährt noch die große Rutschbahn hinunter, darf ins Kasperltheater und einmal auf einem kleinen Pferd reiten. Bettina wirft mit Bällen auf Blechdosen, trifft sie aber nicht, fährt mit der Achterbahn und mit dem Riesenrad.

Dann sagt Paulines Vater: «So, die Fotos habe ich im Kasten, und das Geld ist auch futsch.»

«Ich hab aber Hunger», sagt Pauline.

TRAUMKARUSSELL

«Ich auch!» ruft Bettina.

«Wir haben aber das ganze Geld ausgegeben», sagt der Vater.

«Hast du gar nichts mehr dabei?» fragt Pauline.

«Doch», sagt ihr Vater, «und ihr sollt auch was zu essen kriegen.»

Würstchen mit Pommes frites wünschen sich Pauline und Bettina. Dazu bekommen sie jeder eine Dose Limo. Dann kauft der Vater noch eine Tüte geröstete Erdnüsse für Paulines Mutter und eine Tüte geröstete Mandeln für Bettinas Mutter. «Weil sie nicht dabei waren», sagt er.

Auf dem Rückweg deutet Pauline auf ein paar Männer, die mit geröteten Gesichtern im Gras liegen oder schwankend auf einer Bank sitzen.

«Was haben die?» fragt sie.

«Die sind betrunken», sagt ihr Vater.

«Was ist das?»

«Die haben zuviel Bier getrunken, und jetzt geht es ihnen nicht gut.»

«Aber ein paar sind doch ganz fröhlich», meint Pauline.

«Das gibt's auch», sagt ihr Vater.

«Du trinkst doch auch Bier, bist du dann auch betrunken?»

«Selten», sagt ihr Vater, «außerdem trinke ich Bier erst abends, wenn ich nicht mehr arbeiten muß. Und soviel wie die da trinke ich nie.»

Später in der S-Bahn fragt der Vater: «Hat's euch denn gefallen?»

«Toll war's», sagt Bettina.

«Mir hat's auch gut gefallen», sagt Pauline, «vor allem in der Geisterbahn.» Und sie denkt: Das nächste Mal mach ich aber die Augen nicht zu.

Der erste Schnee

Pauline hat es gleich gesehen, als sie am Morgen aus dem Fenster geblickt hat. Im Garten ist alles ganz weiß, und es ist draußen viel stiller als sonst. Auch die Autos hört man kaum.

«Mama», ruft Pauline, «ziehst du mich mit dem Schlitten in den Kindergarten?»

«Aber Pauline», sagt die Mutter. «Das bißchen Schnee, das ist doch bis Mittag wieder weg.»

«Bitte, bitte!» ruft Pauline.

«Wenn's sein muß», sagt ihre Mutter.

Nach dem Frühstück machen sie sich auf den Weg. Der Schnee ist naß und schwer.

«Es ist ja gar nicht kalt!» ruft Pauline.

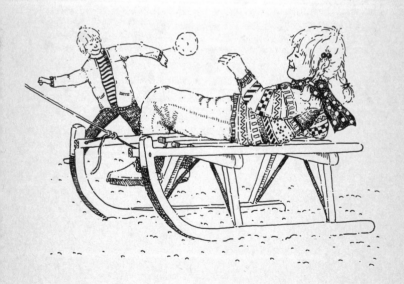

«Hab ich doch gesagt», sagt ihre Mutter. «Bis Mittag spätestens ist der Schnee weg.»

«Sieh mal», sagt Pauline, «da kommt Ferdinand.»

«Hallo, Pauline!» ruft Ferdinand.

Seine Mutter sagt zu Paulines Mutter: «Also bei Ihnen ging's auch nicht ohne Schlitten!»

Die lacht: «Natürlich nicht.»

An der nächsten Ecke treffen sie Georg. Der ist mit seiner Mutter zu Fuß unterwegs. «Siehst du, die anderen dürfen auch mit dem Schlitten in den Kindergarten», sagt er zu seiner Mutter, «nur ich nicht!»

«Morgen nehmen wir auch den Schlitten», sagt Georgs Mutter. «Wenn noch Schnee liegt.»

«Glaube ich nicht», sagt Ferdinands Mutter, «bis Mittag ist er weg.»

Georg geht mißmutig neben seiner Mutter und den anderen her. Dann greift er in den Schnee und formt einen Schneeball.

«Schneeballschlacht!» ruft er und zielt nach Ferdinand, aber der Schneeball geht weit daneben. Georg formt einen neuen und wirft nach Pauline.

Diesmal hat er gut gezielt. Mitten ins Genick bekommt sie ihn, und das ist naß und kalt.

«Hurra, getroffen!» jubelt Georg.

«Den kriegst du zurück!» schreit Pauline.

Da sind sie aber schon beim Kindergarten angekommen. Böse sieht Pauline Georg an. «Du bist nicht mehr mein Freund», sagt sie. «Ich will heute nicht neben dir sitzen. Und nachher kriegst du das zurück.»

Aber die Mütter haben recht gehabt. Mittags ist der Schnee weg.

Heute abend kommt der Nikolaus

sagt Paulines Vater. «Hast du den Stiefel vor die Tür gestellt?»

«Klar», sagt Pauline. «Ob er mir wieder was reintut?»

«Warst du denn brav?» fragt ihre Mutter.

«Aber sicher», sagt Pauline.

«Kinder müssen nicht brav sein, damit der Nikolaus kommt», sagt ihr Vater.

«Meint ihr, er kommt echt?» fragt Pauline.

«Was heißt echt?» fragt die Mutter zurück.

«Na halt echt», sagt Pauline. «Daß er richtig reinkommt.»

«Das weiß ich nicht», sagt die Mutter. «Heut abend muß er zu so vielen Kindern, daß er vielleicht nur klopft und schon wieder weg ist.»

«Schafft er das überhaupt: zu allen Kindern gehen?» fragt Pauline.

«Der Nikolaus kann alles», sagt ihr Vater.

«So wie du?» fragt Pauline.

«Noch mehr», sagt der Vater.

«Und wenn er mich doch vergißt?» fragt Pauline.

«Wir wollen es nicht hoffen», sagt die Mutter.

Beim Abendessen ist Pauline ungeduldig. «Wann kommt der Nikolaus denn endlich?» fragt sie immer wieder.

«Er ist noch bei den anderen Kindern», sagt ihre Mutter. Und der Vater fügt hinzu: «Du mußt eben noch ein bißchen Geduld haben.»

Nach dem Abendessen sagt Paulines Vater: «Mmh, das hat aber gut geschmeckt. Ich geh ein bißchen an die frische Luft.»

«Tu das», sagt die Mutter. «Pauline kann mir inzwischen

beim Abräumen helfen. Sie ist doch so brav, und heute abend bestimmt ganz besonders.»

Ich mag eigentlich nicht abräumen helfen, denkt Pauline, aber sie tut es dann doch.

«Jetzt könnte er aber kommen», sagt sie zu ihrer Mutter.

Da klopft es plötzlich laut an der Tür.

«Ob er das ist?» flüstert Pauline und ist ganz blaß um die Nase.

Trulli, der kleine schwarze Hund, bellt fürchterlich, rennt zur Tür, schnüffelt dort und fängt mit seinem Stummelschwänzchen zu wedeln an.

«Sieh doch nach», sagt Paulines Mutter.

«Ich trau mich nicht», flüstert Pauline. «Nimm mich an die Hand.»

«Angsthase», meint ihre Mutter. Dann gehen sie Hand in Hand zur Tür.

«Mach doch auf», sagt die Mutter. «Und wenn er dahintersteht?» fragt Pauline.

«Dann sagst du halt guten Abend.» Ganz vorsichtig öffnet Pauline die Tür. Trulli quetscht sich durch. Draußen poltert etwas. Pauline öffnet die Tür weiter. Im Treppenhaus ist niemand zu sehen. Aber der Stiefel, den sie am Nachmittag hinausgestellt hat, ist umgefallen. Herausgekollert

sind Nüsse und eine Mandarine. Trulli schnuppert aufgeregt an einer Tafel Schokolade.

«Pfui, Trulli!» ruft Paulines Mutter und sammelt alles ein.

«Er war da», sagt Pauline. «Warum ist er nicht länger geblieben?»

«Du weißt doch, daß er zu so vielen Kindern muß», sagt ihre Mutter. «Vielleicht ist er erschrocken, weil Trulli gebellt hat.»

Die Haustür geht auf. Der Vater klopft sich den Schnee von den Schuhen und kommt herein. «Na, war der Nikolaus da?» fragt er fröhlich.

«Ja!» ruft Pauline. «Und er hat mir auch etwas in den Stiefel getan!»

«Na, siehst du», sagt ihr Vater. «Er hat dich also doch nicht vergessen.»

«Hast du ihn gesehen?» fragt Pauline.

«Ich bin mir nicht sicher», sagt der Vater. «Aber eben ist so ein Mann mit langem Bart und einem Sack auf dem Rücken die Straße entlanggegangen. Das könnte er gewesen sein.»

Paulines Vater lacht und zwinkert der Mutter zu. Später, im Bett, fragt Pauline ihren Vater: «Warst du der Nikolaus?»

«Ich? Wie komme ich dazu?» sagt der Vater.

«Gibt es den Nikolaus überhaupt?» fragt Pauline.

«Wenn man an ihn glaubt, gibt es ihn», sagt der Vater. «Aber jetzt schlaf schön.»

Pauline hat Kummer

Dicke Tränen laufen über ihre Wangen. Sie hält den Teddybär hoch. «Da schau, was du angestellt hast! Mein lieber, schöner, armer Teddy!»

Der Teddybär ist am Rücken ganz verbrannt. Das sieht häßlich aus und stinkt auch noch fürchterlich.

Judith blickt entsetzt. «Aber das wollte ich nicht. Der Teddy hat doch gefroren. Und da habe ich ihn auf den Ofen gelegt, damit ihm warm wird.»

«Du dumme Gans!» heult Pauline auf. «Du blöde Sau! Nie mehr darfst du zu mir zum Spielen kommen! Und deiner Mama sag ich's auch! Die soll mir einen neuen Teddy kaufen! Blödes Schwein!»

Paulines Mutter kommt ins Zimmer. «Aber Pauline», sagt sie, «was sind das für Wörter? So was sagt man doch nicht.»

«Ich sage, was ich will!» schreit Pauline. «Und sie ist eine Sau! Schau dir nur meinen Teddy an!»

«Igitt», sagt die Mutter, «das sieht ja schlimm aus. Warst du das, Judith?»

«Ja», flüstert Judith. «Aber ich hab es doch nicht mit Absicht gemacht.» Und jetzt fängt sie auch zu weinen an.

Die Mutter nimmt den Teddybär hoch und sieht ihn sich von allen Seiten an. «Da kann man nichts mehr machen», sagt sie. «Das läßt sich nicht reparieren. Wir müssen Pauline einen neuen Teddybär kaufen. Haben deine Eltern eine Haftpflichtversicherung?»

«Eine was?» fragt Judith.

«Ist schon gut», sagt Paulines Mutter. «Ich werde heute abend deine Eltern fragen.» Und sie geht aus dem Zimmer.

«Es tut mir wirklich leid», sagt Judith zu Pauline. «Soll ich dir dafür meinen Teddy geben?»

«Nein.» Pauline schüttelt heftig den Kopf. «Ich will nur meinen eigenen haben. Eigentlich will ich auch keinen neuen.»

«Ganz kaputt ist er ja gar nicht», sagt Judith. «Meine Mama könnte ihm einen Überzug stricken. Dann sieht man gar nicht mehr, daß er da hinten angebrannt ist. Und dann ist er genauso weich wie vorher.»

«Meinst du?» fragt Pauline. «Und deine Mama macht das?»

«Aber sicher», sagt Judith.

«Du hast recht.» Pauline wischt sich die restlichen Tränen ab. «Dann kann ich meinen lieben, lieben Teddy behalten.»

«Mama!» ruft sie. «Wir brauchen die Heftpflaster ...»

«...Hofplastik ...» ruft Judith.

«... Dingsbumsverzipfelung nicht!» ruft Pauline.

«Aber eine blöde Sau bist du schon», sagt sie zu Judith.

«Selber», sagt Judith.

Schon wieder wackelt ein Zahn

Pauline muß immerzu daran herumfingern. «Wann geht der blöde Zahn endlich raus?» fragt sie ihre Mutter.

«Laß mal sehen», sagt die Mutter und befühlt den Zahn.

«Au, du tust mir weh!» ruft Pauline.

«Der kann doch gar nicht mehr weh tun», meint die Mutter. «Der ist doch schon fast heraus. Ein kleiner Ruck, und du bist ihn los.»

«Nein», sagt Pauline. «Das tut weh.»

«Dann mußt du warten, bis er von selbst rausfällt.»

«Blöder Zahn», sagt Pauline.

Sie geht in ihr Zimmer. «Du hast's gut», sagt sie zu ihrem Teddybär. «Dir fallen keine Zähne raus.»

Aber sie muß immer wieder an dem Wackelzahn rumfingern. Plötzlich ein kleiner Schmerz – und sie hat ihn in der Hand.

«Mama!» ruft Pauline. «Ich hab ihn!»

«Wen?» ruft die Mutter aus der Küche zurück.

«Den Zahn!»

Die Mutter kommt ins Zimmer. «Hast du ihn dir selbst rausgemacht?» fragt sie.

«Ja», sagt Pauline. «Und es hat überhaupt nicht weh getan.»

«So ist es meistens», meint ihre Mutter. «Wenn man es selbst macht, tut es nicht so weh.»

Sie holt ein Schächtelchen aus dem Schrank. «Wir wollen ihn zu den anderen tun», sagt sie.

In dem Schächtelchen sind schon vier Zähne, die Pauline verloren hat.

«Jetzt sind es fünf», sagt die Mutter. «Und alle wachsen nach.»

Pauline betrachtet sich im Spiegel. Sie sperrt den Mund weit auf. «Das sieht aber scheußlich aus.» Sie deutet auf die neue Zahnlücke.

«Nicht lange», meint die Mutter. «Der neue kommt ja schon nach.»

Gerade kommt Paulines Vater nach Hause. «Na, Paulinchen», sagt er. «Wie geht's?»

«Mmh», sagt Pauline.

«Ist was?» fragt der Vater.

«Mmh», sagt Pauline nur.

Der Vater schaut fragend die Mutter an. Die deutet schweigend auf ihren Mund und lächelt.

«Richtig», sagt der Vater und lächelt jetzt auch. «Was macht denn unser Wackelzahn?»

«Mmh», sagt Pauline.

«Er ist raus», erklärt die Mutter. «Aber Pauline geniert sich wegen der Zahnlücke.»

«Na so was», sagt der Vater. «Laß mal sehen.»

Pauline sperrt den Mund auf.

«Das ist aber doch nicht schlimm», meint der Vater. «Das sieht doch lustig aus.»

Später betrachtet sich Pauline noch einmal im Spiegel. Das sieht gar nicht lustig aus, denkt sie, das ist scheußlich. Warum bin ich kein Teddybär?

Frohe Weihnachten!

ruft Frau Hornig, die Kindergärtnerin. «Und schöne Ferien!»
Die Kinder stürmen jubelnd ins Freie.
«Was wünschst du dir zu Weihnachten?» fragt Georg.
«Einen Kaufladen», sagt Pauline, «und viele Gummibären.»
«Ich möchte ein Indianerzelt», sagt Georg.
«Ich hab mir einen Baukasten gewünscht und Schlittschuh-
stiefel!» ruft Ferdinand.
«Du kannst doch gar nicht Schlittschuh laufen», sagt Pauline.
«Das lernt man schnell, hat meine Mama gesagt», antwortet
Ferdinand.
Pauline ist schon seit Tagen aufgeregt. Wenn doch endlich
Weihnachten wäre, denkt sie immerzu.
Und auf einmal ist es wirklich soweit. Am Nachmittag hat
Pauline mit ihrer Mutter den Weihnachtsbaum geschmückt.
Dabei sind ein paar Glaskugeln zerbrochen, aber das war
nicht schlimm. Ihr Vater hat schnell noch ein paar neue
besorgt.
«Die letzten, die ich bekommen habe», sagte er bei der Rück-
kehr. «Hoffentlich fallen nicht wieder welche runter.»
Nun ist der Augenblick da. Paulines Vater ist im Wohnzim-
mer, und Pauline wartet ungeduldig mit ihrer Mutter vor der
Tür.
Jetzt zündet er die Kerzen am Baum an, denkt Pauline, und
dann läutet er mit dem Glöckchen.
Und da läutet das Glöckchen schon. Pauline geht mit ihrer
Mutter ins Zimmer. «Frohe Weihnachten», sagt der Vater und
umarmt Pauline. «Und dir auch», sagt er zu der Mutter.
«Frohe Weihnachten», antwortet die Mutter. «Und du gehst
gleich mal auf deinen Platz.» Damit meint sie den Hund

Trulli, der zwischen all den Päckchen herumflitzt.

Es ist warm und hell in dem Zimmer. Das kommt von den Kerzen, die am Weihnachtsbaum brennen.

«Na, fang schon an auszupacken», sagt die Mutter.

«Ist das alles für mich?» fragt Pauline aufgeregt.

«Sicher», sagt die Mutter.

Pauline sieht zu einem besonders großen Paket hin. Ob das wohl ...? Sie überlegt kurz. «Also dann mach ich das als erstes auf.» Sie deutet auf ein Päckchen, das in blaues Papier eingewickelt und mit einem silbernen Band verschnürt ist. Ungeduldig nestelt sie an dem Band. «Das ist aber fest zu.»

«Dann ist die Freude um so größer, wenn du's offen hast», meint ihr Vater.

Pauline wickelt die Päckchen und Pakete aus. Vor Aufregung werden ihre Backen immer röter. Zuletzt reißt sie das Papier nur noch auf und wirft alles hinter sich. Dann sitzt sie mitten zwischen ihren Geschenken. Es sind Bücher, ein Schal, eine Mütze, Handschuhe, ein Pullover, alles von ihrer Mutter gestrickt, ein Puzzlespiel, ein großer Kalender, viele Gummibärchen – und der Kaufladen, den sie sich so gewünscht hat. Den hat Paulines Vater gemacht.

«Na, zufrieden?» fragt die Mutter.

«So schöne Sachen», sagt Pauline. «Und den Kaufladen hab ich mir *so* gewünscht!»

«Da ist noch was», sagt ihr Vater. «Das ist heute mit der Post gekommen.»

Es ist ein Paket von Paulines Oma und Opa. Darin sind neue Hausschuhe, ein Spielzeugauto, ein langer Rock, den die Oma selber genäht hat, zwei Tafeln Schokolade und noch einmal Gummibären.

«O je, das gibt ein Bauchweh», sagt der Vater.

«Und ihr – schenkt ihr euch nichts?» fragt Pauline.

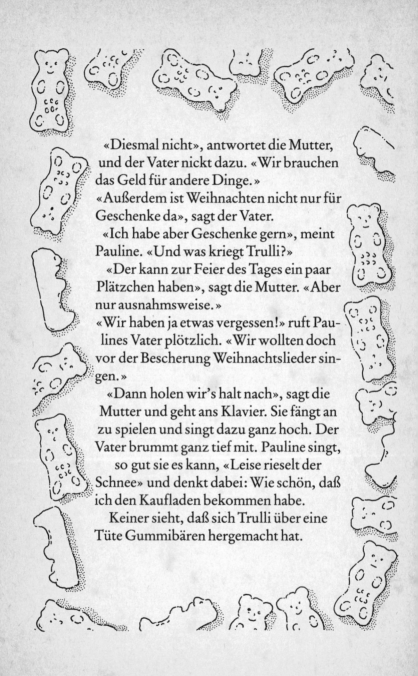

«Diesmal nicht», antwortet die Mutter, und der Vater nickt dazu. «Wir brauchen das Geld für andere Dinge.»

«Außerdem ist Weihnachten nicht nur für Geschenke da», sagt der Vater.

«Ich habe aber Geschenke gern», meint Pauline. «Und was kriegt Trulli?»

«Der kann zur Feier des Tages ein paar Plätzchen haben», sagt die Mutter. «Aber nur ausnahmsweise.»

«Wir haben ja etwas vergessen!» ruft Paulines Vater plötzlich. «Wir wollten doch vor der Bescherung Weihnachtslieder singen.»

«Dann holen wir's halt nach», sagt die Mutter und geht ans Klavier. Sie fängt an zu spielen und singt dazu ganz hoch. Der Vater brummt ganz tief mit. Pauline singt, so gut sie es kann, «Leise rieselt der Schnee» und denkt dabei: Wie schön, daß ich den Kaufladen bekommen habe.

Keiner sieht, daß sich Trulli über eine Tüte Gummibären hergemacht hat.

Bei Oma und Opa

Pauline und ihre Mutter sind eben angekommen. Zwei Stunden hat die Fahrt gedauert, denn die Großeltern, die Eltern von Paulines Mutter, wohnen in einer anderen Stadt. Pauline mag so lange Autofahrten nicht. Aber meistens schläft sie unterwegs ein, dann kommt ihr die Fahrt nicht so lang vor.
Paulines Großvater steht schon am Zaun und winkt ihnen entgegen. Pauline steigt aus dem Auto.
«Wie geht's, meine Prinzessin?» fragt der Großvater und hebt Pauline hoch. «Ich sehe schon, das Mäuschen hat dir wieder ein Zähnchen weggefressen.» Paulines Großvater macht immer solche Scherze mit ihr.
«Und wie geht's dir?» fragt er Paulines Mutter und umarmt sie. «Aber da fehlt doch einer.»
«Papi ist zu Hause geblieben, weil er arbeiten muß», erklärt Pauline. «Trulli ist bei ihm geblieben.»
«Richtig, ihr habt ja auch noch den Hund», sagt Paulines Großvater. «Aber kommt jetzt rein, die Oma wartet schon.»
Sie gehen alle ins Haus. «Hallo, Kinder!» ruft Paulines Großmutter. «Schön, euch wieder mal zu sehen! Der Papi hat wohl keine Zeit?»
«Du sagst es», antwortet Paulines Mutter.
«Und du, Kleines», sagt Paulines Großmutter. «Paßt der Rock, den ich dir zu Weihnachten gemacht habe?»
«Ich hab ihn doch an!» ruft Pauline und zieht den Pullover hoch.
«Wir haben hier noch eine Überraschung für dich», sagt die Großmutter zu Pauline. «Schau mal ins Wohnzimmer.»
«Ui, die Puppenküche!» ruft Pauline. Immer wenn sie länger

bei den Großeltern sind, holt ihre Großmutter die schöne alte Puppenküche vom Speicher. Damit hat sie selbst schon gespielt, als sie ein Kind war. Pauline muß ganz vorsichtig damit umgehen. «Damit auch deine Kinder einmal damit spielen können», sagt die Großmutter immer. Aber Pauline hat nie etwas kaputtgemacht.

Zum Essen gibt es bei den Großeltern immer etwas, was sich Pauline besonders wünscht und ihre Mutter nicht so gut kochen kann. Als Pauline neugierig in die Küche schaut, riecht sie es schon: Heute sind es Dampfnudeln mit Vanillesoße. Das sind gar keine richtigen Nudeln, sondern etwas, was man aus Teig backt. Pauline hat lange gebraucht, bis sie den Unterschied verstanden hat.

«Du bist die beste Oma der Welt!» ruft sie, als die Großmutter die Dampfnudeln auftischt.

Der Großvater sieht sie an. «Und du bist der beste Opa der Welt!» ruft Pauline hinterher.

Er lächelt. «Es gibt aber auch noch die andere Oma und den anderen Opa», sagt er.

Das sind die Eltern von Paulines Vater. Sie wohnen auch in dieser Stadt. Pauline sagt, um die Großeltern zu unterscheiden, immer «Oma» und «Opa» und «andere Oma» und «anderer Opa».

«Auch die andere Oma und der andere Opa sind die beste Oma und der beste Opa der Welt!» ruft Pauline.

Die Großeltern lachen. «Wir werden die andere Oma und den anderen Opa morgen besuchen», sagt Paulines Mutter.

Abends läutet das Telefon. «Das ist Papi!» ruft Pauline aufgeregt. Immer wenn sie mit ihrer Mutter zu den Großeltern fährt, ruft der Vater abends an.

Pauline hebt den Hörer ab. «Hier ist Pauline», sagt sie.

«Und hier ist dein Papi», hört sie vom anderen Ende der Leitung. «Alles in Ordnung, Töchterchen?»

«Ja», sagt Pauline. «Ich darf wieder mit der Puppenküche spielen, und die Oma hat Dampfnudeln mit Vanillesoße gemacht.»

«Du hast's gut», sagt ihr Vater. «Ich habe Reste gegessen, und jetzt muß ich noch mit Trulli raus. Grüß die anderen und vergiß mich nicht. Morgen rufe ich wieder an. Tschüs, meine Kleine.»

«Tschüs, Papi», sagt Pauline. Dann ist nur noch ein Knacken in der Leitung. Pauline legt den Hörer auf. Schade, daß er nicht hier ist, denkt sie. Aber Telefonieren ist auch schön.

Weckt ihr mich heute nacht?

fragt Pauline. «Wenn du jetzt gleich schläfst», sagt ihre Mutter, «dann wecken wir dich.»

«Ehrenwort», fügt ihr Vater hinzu.

Hoffentlich tun sie's, denkt Pauline und dreht sich in ihrem Bett um. Heute ist doch Silvester, und ich möchte so gern das Feuerwerk sehen.

Wenn ich nur einschlafen könnte, denkt sie.

Plötzlich spürt sie sanft eine Hand an der Schulter und hört leises Lachen. Die Eltern stehen an ihrem Bett.

«Na, du Schlafratze», sagt der Vater. «Es ist gleich soweit.»

Pauline gähnt.

«Du wolltest doch unbedingt geweckt werden», lacht die Mutter. «Schlüpf in die Hausschuhe und zieh den Wintermantel drüber. Das reicht.»

Sie gehen vor das Haus. Die Nachbarn stehen auch auf der Straße. Bettina ist dabei und Torsten und Stefan.

«Hallo, Pauline!» ruft Judith, die auch gerade die Straße herunterkommt.

«Noch fünf Sekunden», sagt Paulines Vater. «*Jetzt!* Das neue Jahr ist da. Hoffen wir, daß es ein gutes Jahr wird.»

Alle geben sich die Hand und wünschen sich ein frohes neues Jahr.

«Dieses Jahr bist du das erste Mal mit auf der Straße», sagt Bettinas Mutter zu Pauline. «Du bist jetzt ein großes Mädchen.» Pauline ist stolz.

Alle Kirchenglocken läuten. Und dann steigt die erste Rakete in den Himmel und zerspringt in tausend bunte Punkte, die verglühen. Immer mehr Raketen werden es. Das zischt und kracht, und der Himmel ist ganz hell.

«Wo ist Trulli?» fragt Pauline.

«In der Wohnung», sagt ihr Vater. «Der verkriecht sich an Silvester immer, wenn die dummen Menschen solchen Krach machen.»

Allmählich werden es weniger Raketen. Pauline fröstelt.

«Laßt uns reingehen», sagt ihre Mutter.

«Jetzt weißt du, wie Silvester ist», sagt der Vater zu Pauline.

Er zwinkert ihr zu. «Da brauchen wir dich nächstes Jahr nicht wieder zu wecken.»

Pauline knufft ihn in die Seite. «Wehe», sagt sie, «wehe, ihr weckt mich nicht!»

Beim Tierarzt

Als Pauline mit ihrer Mutter ins Wartezimmer kommt, sitzen schon viele Leute da. Eine dicke Frau hat einen Vogelkäfig auf dem Schoß. Darin hüpft ein kleiner, bunter Vogel zwitschernd von Stange zu Stange. Ein Junge hat ein Körbchen neben sich auf den Tisch gestellt. Ein Hase mit weißem Fell guckt neugierig heraus und richtet die langen Ohren auf. Dann sind da noch ein älterer Mann mit einer Einkaufstasche, in der es hin und wieder kläglich miaut, zwei Kinder mit einem Dackel und ein großer, starker Mann mit einem Schäferhund. Der Dackel schnuppert aufgeregt und zerrt an der Leine. Aber der Schäferhund liegt ganz ruhig unter einem Stuhl.

Pauline und ihre Mutter haben Trulli, den kleinen schwarzen Hund, mitgebracht. Trulli ist nicht krank, aber einmal im

Jahr muß er zum Tierarzt. Dort bekommt er eine Spritze,
damit er nicht krank wird. Trulli hockt zitternd da und schaut
von Pauline und ihrer Mutter zu den anderen Leuten. Die
Tiere, die auch im Wartezimmer sind, interessieren ihn über-
haupt nicht. Selbst die Katze nicht, die plötzlich aus der Ein-
kaufstasche herausspringt und Trulli neugierig betrachtet.
«Hat er Angst?» fragt Pauline.
«Ja.» Die Mutter nickt.
«Warum?» fragt Pauline.
«Ich glaube», sagt die Mutter, «weil er weiß, daß er gleich
wieder einen kleinen Piek mit der Spritze kriegt.»
«Tut das denn weh?» fragt Pauline.
«Hat es dir weh getan, als dich der Doktor Hocke das letzte
Mal geimpft hat?» fragt die Mutter zurück. Doktor Hocke

heißt der Kinderarzt, der kommt, wenn Pauline krank ist.
Oder der sie impft, damit sie nicht krank wird.

«Nein, es hat nicht weh getan», sagt Pauline. Und sie denkt:
Aber ein bißchen unangenehm war der Piek schon.

«Na, siehst du», sagt ihre Mutter.

Ich versteh schon, daß der Trulli zittert, denkt Pauline.
Nacheinander kommen alle Leute mit ihren Tieren dran, und
dann ist auch Trulli an der Reihe.

Der Tierarzt gibt Pauline die Hand und sagt: «Du bist aber
gewachsen seit dem letzten Jahr.»

«Der Trulli auch», sagt Pauline.

«Das glaub ich nicht», sagt der Tierarzt. «Dein kleiner Hund
wächst schon lange nicht mehr. Wie alt ist er jetzt?» fragt er
Paulines Mutter. «Zehn», sagt die Mutter.

«Ich wachse doch auch noch weiter, wenn ich zehn bin», meint
Pauline.

«Bei Menschen ist das anders», erklärt der Tierarzt. «Die Menschen brauchen viel länger, bis sie ausgewachsen sind. Sie leben
ja auch viel länger als Hunde. Dein Trulli wird jetzt schon
langsam ein älterer Herr, auch wenn er nicht so aussieht.»

Pauline versteht das alles nicht. Wie kann man mit zehn Jahren
noch ein Kind, aber auch schon ein älterer Herr sein? denkt sie.

«Wie lange macht er's noch?» fragt Paulines Mutter.

«Wenn Sie ihn weiterhin so pflegen», sagt der Tierarzt, «noch
einige Jährchen. Vor allem, wenn er regelmäßig geimpft
wird.»

Trulli darf nicht sterben, nie! denkt Pauline.

Paulines Mutter hat jetzt Trulli auf den Tisch in der Mitte des
Zimmers gehoben. Der Tierarzt – er hat genauso einen weißen
Mantel an wie der Doktor Hocke – steckt Trulli ein Fieberther-
mometer in den Po.

«Warum machst du das?» fragt Pauline.

«Damit ich sehe, ob er gesund ist», antwortet der Tierarzt. Er holt das Fieberthermometer wieder heraus und wischt es ab. «Er ist in Ordnung», sagt er.

Trulli zittert gar nicht mehr.

«Jetzt kommt der Piek», sagt der Tierarzt. «Können Sie ihn am Kopf festhalten, damit er nicht beißt?»

Paulines Mutter hält Trulli am Kopf fest. Der Tierarzt setzt die Spritze an. Alles geht so schnell, daß Pauline überhaupt nicht merkt, daß Trulli jetzt die Spritze bekommen hat. Auch Trulli hat nicht gemuckst.

«Einen braven Hund hast du», sagt der Tierarzt zu Pauline. Dann schreibt er etwas in ein Heftchen und gibt es Paulines Mutter. «Nächstes Jahr im Januar kommen Sie wieder.» Er wäscht sich die Hände. «Auf Wiedersehen», sagt er und gibt Pauline die Hand.

Die Mutter hat Trulli wieder vom Tisch gehoben. Trulli zerrt wie verrückt zur Tür.

«Er freut sich, daß es vorbei ist», sagt die Mutter. «Wollen wir nicht gehen?»

Sie schaut Pauline wartend an.

Pauline steht zögernd da.

«Ist noch was?» fragt der Tierarzt.

«Kann ich eine von den Spritzen haben?» fragt Pauline.

«Aber sicher.» Der Tierarzt lacht. «Damit du in der Badewanne rumspritzen kannst?»

«Nein, damit ich auch meinen Teddy impfen kann», sagt Pauline.

Der Tierarzt gibt ihr zwei Plastikspritzen. «Aber nicht in der Wohnung rumspritzen!» sagt er und droht mit dem Finger. «Das hat deine Mutter sicher nicht gern.» Dabei lacht er aber.

«Ui, zwei Spritzen!» ruft Pauline. «Dann kann Judith auch eine haben, und wir spielen zusammen Tierarzt.»

Ich will heut bei Gwendolyn schlafen!

ruft Pauline. «Bitte, bitte, Mama!»

«Ich hab nichts dagegen», sagt Paulines Mutter. «Aber ist es dir auch recht?» fragt sie Barbara.

Barbara ist Gwendolyns Mutter. «Laß sie ruhig hier», sagt sie.

«Dann also tschüs, mein Liebling», sagt Paulines Mutter. «Morgen hol ich dich wieder.» Und sie gibt Pauline einen Kuß.

«Tschüs, Mama», sagt Pauline, «bis morgen.»

«Toll, daß du hierbleiben darfst», meint Gwendolyn. «Dann können wir noch ganz lange spielen.»

«Na, gar so lange auch nicht», sagt Barbara. «Es gibt bald Abendbrot.»

Beim Essen stochert Pauline auf dem Teller herum.

«Schmeckt es dir nicht?» fragt Barbara.

«Ich mag keinen Spinat», sagt Pauline. «Kann ich ein Stück Brot haben?» Und sie denkt: Zu Hause gäbe es jetzt sicher Spaghetti und nicht den blöden Spinat.

Nach dem Abendessen spielen Pauline und Gwendolyn noch zusammen in Gwendolyns Zimmer.

Plötzlich fragt Pauline: «Ist die neu?» und deutet auf eine große Puppe, die in einem Eck von Gwendolyns Bett sitzt.

«Die hat mir mein Papa zu Weihnachten geschenkt», sagt Gwendolyn.

«So eine Puppe möchte ich auch haben», meint Pauline. «Aber wo ist eigentlich dein Papa?»

«Mein Papa ist ausgezogen», sagt Gwendolyn. «Er hat jetzt eine eigene Wohnung.»

«Bist du da nicht traurig?» fragt Pauline.

«Manchmal schon», sagt Gwendolyn. «Aber ich darf oft zu meinem Papa. Dann gehen wir ins Kino, und hinterher krieg ich immer ein großes Eis. Und im Winter nimmt er mich mit zum Skifahren, und im Sommer fahren wir ans Meer.»

«Mein Papa wohnt bei uns», sagt Pauline, «und das finde ich schön.»

Barbara kommt ins Zimmer. «Schluß jetzt, Kinder!» ruft sie. «Es wird Zeit zum Schlafengehen.»

«Och, schon», mault Gwendolyn. «Wir haben doch noch gar nicht viel gespielt.»

«Und was habt ihr den ganzen Nachmittag gemacht?» lacht Barbara. «Also, wie ist es, habt ihr schon Zähne geputzt?»

«Ja, vorhin, als du telefoniert hast», sagt Gwendolyn. Das stimmt zwar nicht, aber Barbara merkt es nicht.

«Dann los ins Bett», sagt sie.

Gwendolyn schläft oben in ihrem Stockbett. Für Pauline hat Barbara unten das Bett zurechtgemacht.

«Gute Nacht, ihr beiden», sagt Barbara. Und sie gibt Gwendolyn einen Kuß. Dann beugt sie sich zu Pauline hinab. «Schlaf schön, kleiner Gast», sagt sie und gibt auch Pauline einen Kuß. Sie löscht das Licht und geht aus dem Zimmer.

«Schläfst du schon?» fragt Gwendolyn leise.

«Nein», sagt Pauline. Und sie denkt: Ich kann nicht einschlafen, nicht ohne meinen Teddy. Wenn mein Teddy doch hier wär. «Du», sagt sie zu Gwendolyn, «ich brauch meinen Teddy.»

«Nimm halt meinen», meint Gwendolyn. Sie macht Licht, klettert die Leiter hinunter und geht zu einer Kiste. «Komm her, lieber Teddy», sagt sie. «Du darfst heut bei Pauline schlafen.» Sie kramt in der Kiste und zieht dann ihren Teddy heraus.

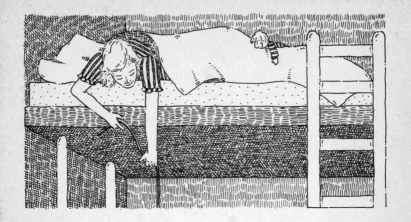

Sie geht zu Pauline. «Da hast du ihn», sagt sie. «Und bei mir schläft meine neue Puppe.» Dann steigt sie wieder hinauf in ihr Bett.

Barbara schaut ins Zimmer. «Ist hier noch nicht Schluß?» fragt sie.

«Doch», sagt Gwendolyn. «Pauline wollte nur meinen Teddy haben.»

«Ach so», meint Barbara und löscht das Licht wieder. «Jetzt schlaft aber!»

«Gute Nacht, Mama», sagt Gwendolyn.

«Gute Nacht, Barbara», sagt auch Pauline. Und sie denkt: Ich kann sicher nicht einschlafen. Außerdem ist mein Teddy viel weicher. Und Spaghetti wären mir viel lieber gewesen. Und von meinem Papi hab ich auch keinen Gutenachtkuß bekommen.

«Du», flüstert Gwendolyn. «Schläfst du schon?»

Pauline antwortet nicht. Sie ist schon eingeschlafen.

Paulines Geburtstag

Vor ein paar Tagen hat ihre Mutter gefragt: «Wie wollen wir's diesmal machen? Gehen wir wieder ins Kindertheater wie letztes Jahr?»

«Nicht schon wieder», sagte Pauline. «Ich möchte einen richtigen Kindergeburtstag feiern. Und alle sollen maskiert kommen.»

Paulines Geburtstag ist nämlich immer im Fasching.

«O je», sagte Paulines Mutter. «Das gibt wieder Arbeit für mich. Wer soll denn alles kommen?»

«Also, Judith», zählte Pauline auf, «und Gwendolyn und Georg und Ferdinand und Melanie und Pamela und Katharina und Stefan und Oliver und Andreas und . . .»

«Um Himmels willen!» rief ihre Mutter. «Wie sollen die alle bei uns Platz finden?»

«Dann Judith, Gwendolyn, Georg, Ferdinand und Oliver», sagte Pauline.

«Das laß ich mir eher gefallen», erwiderte ihre Mutter.

Gestern abend dann fragte Pauline ihren Vater: «Was bekomme ich von dir?»

«Nichts», sagte der. «Wenn man so bald nach Weihnachten Geburtstag hat, bekommt man nichts.» Aber dabei zwinkerte er Paulines Mutter zu.

Und heute ist es nun soweit. Endlich ist der Geburtstag da, denkt Pauline, gleich als sie aufwacht. Da geht auch schon die Tür auf, und ihr Vater und ihre Mutter kommen herein.

«Alles Gute, mein Schatz», ruft die Mutter.

«Einen schönen Geburtstag wünsch ich dir», sagt ihr Vater. «Jetzt bist du schon fast erwachsen.»

Das stimmt beinahe. Denn Pauline ist sechs Jahre alt geworden, und im Herbst kommt sie in die Schule.

Dann läuft Pauline schnell zum Frühstückstisch. Der ist heute ganz besonders festlich gedeckt. Eine große Torte steht darauf, die ihre Mutter gebacken hat. Und auf einem Holzkranz brennen sechs Kerzen. Daneben sind die Geschenkpäckchen ausgebreitet. Ganz aufgeregt macht sich Pauline ans Auspacken.

Zum Schluß liegt da nur noch das größte Päckchen. Das hat sich Pauline bis zuletzt aufgehoben. Sie hebt den Deckel des Kartons hoch und staunt. «Oh, toll», ruft sie, «eine Puppe!»

«Damit du nicht mehr auf Gwendolyns neue Puppe neidisch sein mußt», sagt ihr Vater und schmunzelt dabei.

Später im Kindergarten wird Pauline hochgehoben, und alle singen: «Das Geburtstagskind lebe hoch, hoch, hoch!» Dann essen sie alle die Krapfen, die Paulines Mutter besorgt hat.

Mittags rufen die Oma und der Opa an. «Happy birthday to you», singt der Opa am Telefon.

«Was heißt das?» will Pauline wissen.

«Das ist Englisch», antwortet der Opa, «und heißt: Einen
schönen Geburtstag wünsche ich dir. Feiert mal alle schön.
Die Oma und ich trinken ein Gläschen auf dich.»
Gleich darauf klingelt das Telefon noch einmal. Und wieder
ist es für Pauline. Heute bekommt sie die meisten Anrufe.
Diesmal sind es die andere Oma und der andere Opa, die Pauline zum Geburtstag gratulieren.
Und dann ist es endlich drei Uhr. Alles ist für den Kindergeburtstag vorbereitet. Überall in der Wohnung hängen Luft-
ballons und Papierschlangen. Auf dem Tisch steht Limonade
(«Kindersekt», hat Paulines Vater gesagt). Dazu gibt es Bre-
zeln und Würstchen und Kuchen und Gummibären. Die
Mutter hat Pauline beim Verkleiden und Schminken gehol-
fen. Pauline ist heute ein Indianermädchen.
Nach und nach treffen die anderen Kinder ein. Die Mütter

sagen dann immer: «Tschüs, um sechs Uhr hole ich dich wieder ab.» Alle haben kleine Geschenke für Pauline dabei, die eifrig am Auspacken ist.

Schließlich sind alle da. Judith ist eine Prinzessin und Gwendolyn ein Holländermädchen. Georg hat sich als Seeräuber verkleidet. Ferdinand ist ein Clown und Oliver ein Cowboy.

«Du mußt mit mir kämpfen», sagt Pauline zu Oliver.

«Ein Cowboy kämpft nicht mit Frauen», wehrt Oliver ab.

Das läßt sich Pauline nicht gefallen. «Doch», schreit sie, «sonst bist du feige! Wenn du nicht willst, spielst du eben nicht mit.»

Alle toben mit Geschrei durch die Zimmer, mitten drin bellend und schwänzelnd Trulli, der kleine schwarze Hund.

«So geht das nicht», sagt Paulines Mutter. «Wenn einer über ihn fällt.» Sie sperrt Trulli in das Arbeitszimmer des Vaters. Dort bellt Trulli aber weiter.

Später haben sie alle Hunger und Durst. Sie stehen um den Tisch und mampfen und schlürfen um die Wette. Dabei macht Paulines Vater ein paar Fotos. Jedesmal, wenn das Blitzlicht aufleuchtet, tun die Kinder so, als ob sie fürchterlich erschrecken würden. Das ist aber nur gespielt.

Dann spielt Paulines Mutter mit den Kindern noch Topfschlagen und Blinde Kuh und Taler, Taler, du mußt wandern und Flüsterpost und Reise nach Jerusalem und Schau dich nicht um, der Fuchs geht um. Dabei gibt es kleine Sachen zu gewinnen, und es bekommt auch jeder etwas. Zum Schluß wird das Licht ausgemacht, und alle Kinder dürfen einen Sternwerfer anzünden. Dazu singen sie: «Hoch soll sie leben!»

Inzwischen ist es draußen dunkel geworden. Trulli bellt immer noch wie verrückt im Arbeitszimmer des Vaters. Die Schminke in den Gesichtern der Kinder hat sich längst aufgelöst. Der Cowboy Oliver hat einen Riß in der Hose. Georgs Seeräuberdolch ist verbogen, und Gwendolyn hat sich auf Judiths Prinzessinnenkrone gesetzt. Die ist dabei kaputtgegangen, aber Judith hat es noch gar nicht bemerkt.

Die Mütter kommen eine nach der anderen. «Na, war es schön?» fragen sie. «Toll war es», sagen die Kinder.

Zuletzt sind alle draußen. Trulli darf wieder aus dem Arbeitszimmer heraus. Er holt sich das, was die Kinder beim Essen auf den Boden fallen ließen.

Paulines Mutter sitzt erschöpft am Tisch. «Wer soll das alles aufräumen?» fragt sie.

«Natürlich die Frauen», sagt Paulines Vater. Dabei trägt er aber schon Teller in die Küche.

Nächstes Jahr bin ich ein Indianerjunge, denkt Pauline. Dann muß Oliver aber mit mir kämpfen.

Pfui, Pauline!

ruft die Mutter. Trulli, der kleine schwarze Hund, duckt sich schuldbewußt.

«Er glaubt, du meinst ihn», sagt Paulines Vater und lacht.

Pauline trinkt einen großen Schluck Limonade und rülpst noch einmal laut.

«Jetzt reicht's aber», schimpft die Mutter. «Immer, wenn Leute da sind, mußt du dich so aufführen!»

Heute ist Judith da. Sie kommt seit einiger Zeit fast jeden Freitagabend zu Pauline, weil sie mit ihr den Pumuckl im Fernsehen sehen will. Zwar gibt es bei Judith zu Hause auch einen Fernseher, aber der ist ganz klein und hat nur ein Schwarzweißbild. «Der tut's auch», sagt Judiths Mutter immer. Aber Judith will den Pumuckl groß und in Farbe sehen. Deshalb kommt sie zu Pauline. Meistens ißt sie dann auch gleich mit zu Abend.

«Machst du das auch bei dir zu Hause?» fragt Paulines Mutter Judith.

«Nein», sagt Judith.

«Das stimmt nicht!» ruft Pauline. «Sie rülpst auch!»

«Aber das wird deine Mutter sicher nicht gern haben», meint Paulines Mutter.

«Nein», sagt Judith.

«Siehst du», sagt die Mutter zu Pauline. «Also laß die Ferke-leien!»

«Ferkeleien!» sagt Pauline. «Ich wäre gern ein Ferkel.» Und sie taucht die Hand in das Limonadeglas. «Rumschlappen ist schön.»

«Hör jetzt endlich auf!» ruft ihre Mutter und schaut dabei schon ziemlich böse. «Ich kann diese Schweinereien beim Essen einfach nicht vertragen. Wenn du so was machen willst, dann geh raus!»

«Ich will aber nicht rausgehen», erwidert Pauline. «Hier ist es viel schöner.»

«Nun sag du doch auch endlich was!» sagt die Mutter zu Paulines Vater. «Muß ich immer als einzige für Ordnung sorgen?»

«Was soll ich dazu schon sagen?» meint Paulines Vater. «Du siehst doch, daß sie dich nur ärgern will.»

Pauline stößt Judith, die neben ihr sitzt, an und legt den Finger an den Mund. Dann bohrt sie mit dem Finger in der Nase und holt einen langen, schmierigen Popel heraus. «Da!» ruft sie triumphierend und hält den Popel hoch.

«Ene mene Mopel, wer frißt Popel?» ruft sie.

«Süß und saftig, eine Mark und achtzig», macht Judith weiter.

«Eine Mark und zehn», sagt Paulines Vater.

«Und du darfst gehn!» rufen Pauline und Judith.

«Das ist aber doch das Letzte!» sagt Paulines Mutter. «Und dein Vater macht sogar noch mit. Raus jetzt mit euch! Der Pumuckl fängt sowieso gleich an.»

Pauline und Judith hüpfen von ihren Stühlen herunter und drängeln aus der Tür hinaus. Dabei hört Pauline noch, wie ihr Vater rülpst und ihre Mutter darauf sagt: «Wie soll sie jemals Tischsitten lernen, wenn du ihr das auch noch vormachst?» Dann hört sie ihren Vater noch lachen.

«Komm, Pauline!» ruft Judith aus dem Wohnzimmer. «Der Pumuckl fängt an!»

Der Opa ist tot

Eben hat die Oma angerufen und es Paulines Mutter gesagt. Pauline fängt zu weinen an.

«Sein Herz hat zu schlagen aufgehört», sagt die Mutter zu Pauline und wischt sich die Tränen aus den Augen. «Dabei hat er sich doch so auf seinen Geburtstag gefreut.»

Pauline preßt die Hand dorthin, wo sie glaubt, daß ihr Herz ist, und sagt: «Mein Herz schlägt aber noch.»

«Du bist ja auch noch ganz jung», sagt ihre Mutter. «Aber ein paar Jährchen hätte ich dem Opa schon auch noch gewünscht. Wir fahren nachher gleich zur Oma.»

Nachdem sie die Koffer gepackt haben, fahren sie los. Paulines Mutter ist schweigsamer als sonst. Manchmal seufzt sie während der Fahrt. Nach zwei Stunden sind sie da.

«Weißt du noch?» fragt die Mutter. «Wie er nach Weihnachten vor dem Haus auf uns gewartet hat? Wer hätte gedacht, daß wir ihn da das letzte Mal sehen?»

Sie gehen zusammen ins Haus. Das riecht alles noch nach dem Opa, denkt Pauline. Vielleicht ist er gar nicht tot.

Drinnen sitzt die Oma, ganz dunkel angezogen, an einem Tisch und hat ein zerknülltes Taschentuch in der Hand.

«Schön, daß ihr so schnell da seid», sagt sie. Paulines Mutter und die Oma umarmen sich.

«Dein armer Opa, jetzt ist er nicht mehr da», sagt die Oma zu Pauline. Dabei fängt sie zu weinen an.

«Wenigstens hat er nicht leiden müssen», meint Paulines Mutter.

«Wahrscheinlich», sagt die Oma.

Später fahren sie alle dorthin, wo der Opa jetzt ist. «Da kannst du ihn das letzte Mal sehen», sagt die Mutter.

Ich hab Angst, denkt Pauline, ich will den Opa nicht sehen. Aber sie sagt nichts.

Vor einem niedrigen Gebäude halten sie und gehen rein. Pauline klammert sich an der Hand ihrer Mutter fest. Drinnen ist es ziemlich dunkel. In der Mitte des Raumes ist so etwas wie eine große Kiste aus Holz. Kerzen brennen, viele Blumen sind da, und ein Pfarrer sagt etwas zu Paulines Mutter und der Oma, was Pauline nicht versteht. Dann drückt er allen die Hand und geht in den Hintergrund des Raumes.

«Er sieht aus, als ob er schläft», sagt Paulines Mutter. Die Oma fängt jetzt richtig laut zu weinen an. Pauline kann nicht weinen. Jetzt erst traut sie sich, den Opa anzuschauen. Er liegt angezogen in so einer Art Bett in der Kiste und hat die Hände auf der Brust gefaltet. Sein Gesicht ist blaß und viel schmaler als früher. Seine Augen sind geschlossen. Jetzt macht er gleich die Augen auf und sagt: Na, kleine Prinzessin, dich habe ich aber erschreckt, denkt Pauline. Aber der Opa macht die Augen nicht auf.

Paulines Mutter und die Oma gehen hin und geben ihm einen Kuß auf die Stirn. Plötzlich hat Pauline keine Angst mehr. Sie streichelt dem Opa über die Hände. Wie kalt die sind, denkt sie, dabei hat der Opa immer so warme Hände gehabt. Und dann muß Pauline sehr weinen.

In den nächsten Tagen haben Paulines Mutter und die Oma wenig Zeit für Pauline. Sie müssen eine Menge Papiere unterschreiben und viel telefonieren, aber sie nehmen Pauline überallhin mit.

Dann ist der Tag da, wo der Opa auf den Friedhof gebracht werden soll. Die Mutter und die Oma haben schwarze Kleidung an. Pauline darf anziehen, was ihr gefällt. Sie bekommt einen Strauß Blumen in die Hand. Dann fahren sie los.

Vor dem Friedhof stehen viele Autos. Eine Menge Leute

sind gekommen. Sie drücken Paulines Mutter und der Oma die Hand. Die Frauen weinen dabei meistens. Dann ist plötzlich auch Paulines Vater da. Pauline läuft auf ihn zu.

«Hallo, mein Schatz», sagt ihr Vater und hebt sie hoch. Dann wendet er sich zu Paulines Mutter und der Oma.

«Um drei Uhr bin ich aufgestanden, damit ich den Zug nicht verpasse», sagt er. Er deutet auf seinen Mantel und seine Hose. «Das habe ich mir ausgeliehen. Ich habe doch keine Trauerklamotten.»

«Steht dir aber gut», sagt Paulines Mutter.

Komisch sieht er aus in dem Mantel und der Hose, denkt Pauline, und eine Krawatte trägt er doch sonst auch nicht.

Die Leute haben sich jetzt alle versammelt. Die Holzkiste – Pauline weiß nun, daß das ein Sarg ist – ist geschlossen. Viele Blumen und Kränze stehen darum herum. Ein anderer Pfarrer sagt jetzt eine ganze Menge über den Opa, aber Pauline versteht wieder nicht viel davon.

Dann wird der Sarg auf einen Wagen gehoben und langsam weggefahren. Pauline, die Mutter, der Vater und die Oma folgen ihm. Hinter ihnen gehen die vielen anderen Leute. Die Glocken läuten. Die Sonne scheint, aber es ist kalt. Pauline schaut zu ihrem Vater hoch. Der streicht über ihren Kopf. Seine Augen sind voller Tränen. Daß auch Papas weinen können, denkt Pauline.

Vor einer tiefen Grube hält der Zug. Der Sarg wird vom Wagen gehoben und an Seilen hinabgelassen. Die Oma drückt ein Taschentuch auf ihre Augen und schwankt. Paulines Mutter stützt sie.

Dann wird ein bißchen Erde auf den Sarg geworfen. Pauline wirft ihren Blumenstrauß dazu. Ob der arme Opa da unten friert? denkt sie.

Die Leute stehen noch eine Weile beieinander. Auch der andere Opa und die andere Oma sind da und viele Onkel und Tanten von weither, die Pauline noch nie gesehen hat. Dann gehen allmählich die meisten Leute.

«Ihr kommt aber noch zu uns», sagt die Oma zum anderen Opa und zur anderen Oma und zu den Onkeln und Tanten.

Bei der Rückfahrt sitzt der Vater neben Pauline. Er knotet sich die Krawatte ab, steckt sie in die Manteltasche und öffnet den Hemdkragen. «Beinahe erstickt wäre ich mit dem Zeug», sagt er.

Im Haus der Oma sind die Tische voll mit belegten Broten, Kuchen und Krapfen. Dazu gibt es Kaffee oder Bier oder Wein oder Sekt. Die Leute sind jetzt gar nicht mehr so traurig wie auf dem Friedhof. Pauline muß aber immer an den armen Opa in der kalten Grube denken.

«So», sagt ihr Vater plötzlich. «Ich muß zurück. Die Arbeit wartet nicht.»

«Schon?» fragt die Oma.

Der Vater nickt. «Wann fahrt ihr wieder zurück?» fragt er Paulines Mutter.

«Morgen oder übermorgen», sagt die Mutter.

«Also, bis bald, meine Kleine», sagt Paulines Vater und gibt Pauline einen Kuß.

Schade, daß er schon wieder fährt, denkt Pauline.

«Das Schlimmste ist vorüber», sagt die Mutter zu Pauline. «Jetzt haben wir auch wieder mehr Zeit für dich.»

Armer Opa, denkt Pauline, wenn er doch wieder hier wär. Und sie geht aus dem Zimmer, damit die anderen nicht sehen, daß sie schon wieder weinen muß.

Die Post ist da

Der Briefträger hat zweimal geläutet. Paulines Vater geht zum Gartentor. Pauline läuft nebenher. Heute ist Samstag, da ist sie zu Hause, braucht nicht in den Kindergarten.

Draußen hat der Briefträger sein gelbes Fahrrad an den Zaun gelehnt. «Guten Morgen», sagt er und gibt Paulines Vater ein Bündel Briefe. «Hier wäre aber noch etwas. Dieser Brief ist nicht frankiert.»

Auf dem Brief ist keine Briefmarke. «Der ist für dich», sagt der Vater zu Pauline.

«Sie müssen Nachgebühr bezahlen», sagt der Briefträger.

«Ist schon in Ordnung», meint Paulines Vater. Er zückt die Geldbörse und gibt dem Briefträger ein paar Münzen. «Vielen Dank und ein schönes Wochenende», sagt der, steigt auf sein Fahrrad und fährt weiter.

«Ihnen auch», sagt Paulines Vater.

«Was ist Nachgebühr?» fragt Pauline.

«Wenn man einen Brief wegschickt, muß man eine Briefmarke draufkleben», erklärt ihr Vater. «Und wenn man das nicht tut, muß der, der den Brief bekommt, etwas bezahlen. Das heißt Nachgebühr. Denn der Briefträger kann ja die Briefe nicht umsonst austragen.»

«Mama, ich hab einen Brief bekommen!» ruft Pauline, als sie wieder in der Wohnung sind.

«Schön», sagt ihre Mutter. «Von wem denn?»

Pauline dreht den Brief um.

«Da steht nichts drauf.»

«Dann mach ihn doch auf», sagt ihr Vater.

Pauline reißt den Umschlag auf. Drin ist ein Zettel. Auf dem steht in der gleichen Schrift wie auf dem Umschlag:

«Das ist aber nett», sagt Paulines Mutter. «Am Mittwoch hast du Zeit. Ruf doch an, daß du kommen kannst. Oder lauf hin zu Judith.»

Liebe Pauline !!!
Ich lade Dich
zu mainem
Pupenfest am
Midwoch um
drei Ur ein.
Bringst Du
Deine Pupe mit?
Judith

Judith wohnt nur ein paar Häuser weiter.

«Nein», sagt Pauline. «Ich möchte Judith auch einen Brief schreiben.»

«Warum einfach, wenn's auch kompliziert geht?» meint ihre Mutter.

«Laß sie doch», sagt ihr Vater. «Einmal muß sie es ja lernen.»

Pauline holt ein Blatt Papier. Sie kann schon ein bißchen schreiben, auch wenn sie noch nicht in die Schule geht. Sie schreibt:

LIEBE JUDITH !!!!
DANKE FÜR DIE
EINLADUNG !!
ICH KOMME AM
MITTWOCH MIT
MEINER NOIEN
PUPPE ZU
DIR !/
        PAULINE

«So, und jetzt noch die Adresse», sagt Paulines Vater. Er gibt ihr einen Umschlag. Pauline schreibt die Adresse auf die Vorderseite.

«Und jetzt noch hinten drauf, von wem der Brief ist», sagt ihr Vater.

Das ist für Pauline ganz einfach. Denn ihren Namen und ihre Anschrift hat sie schon so oft geübt.

«Fertig?» fragt sie.

«Ja», sagt ihr Vater.

Pauline steckt den Brief in den Umschlag und klebt ihn zu.

«Dann ab zur Post», sagt ihr Vater. «Aber fehlt nicht noch was?»

«Die Briefmarke», antwortet Pauline. «Aber Judith hat doch auch keine draufgeklebt.»

«Wahrscheinlich hat sie nicht gewußt, daß man eine Briefmarke braucht», sagt ihr Vater. «Da hast du eine.»

Pauline nimmt die Briefmarke, leckt sie an und klebt sie auf den Umschlag.

«So, und jetzt gehen wir zum Briefkasten und werfen ihn ein», sagt ihr Vater.

Auf dem Weg zum Briefkasten fragt Pauline: «Wann bekommt Judith meinen Brief?»

«Morgen», sagt der Vater. «Das heißt, morgen ist Sonntag, da hat der Briefträger frei. Also am Montag.»

«Das ist aber lang», meint Pauline. «Schneller geht's mit Telefonieren, oder wenn ich zu ihr hingeh.»

«Stimmt», sagt der Vater. «Aber dafür hast du heute deinen ersten eigenen Brief geschrieben.»

Pauline hat geklaut

Einen Moment hat die Verkäuferin nicht hergeblickt, da hat Pauline den Schlumpf vom Ladentisch genommen und in die Hosentasche gesteckt. Jetzt steht sie vor dem Geschäft. Das Herz klopft ihr bis zum Hals. So leicht ist Klauen, denkt sie. Niemand hat etwas bemerkt.

Abends sagt die Mutter zu ihr: «Die Hose müßte endlich mal wieder in die Wäsche.»

Pauline zieht die Hose aus und gibt sie ihrer Mutter. Da fällt ihr der Schlumpf in der Hosentasche ein, aber es ist zu spät.

«Was haben wir denn da?» fragt die Mutter beim Zusammenlegen der Hose, und sie holt den Schlumpf aus der Hosentasche.

«Den hab ich gefunden», sagt Pauline und wird ein bißchen rot im Gesicht.

«Dafür sieht er aber recht neu aus», meint ihr Vater und dreht den Schlumpf zwischen den Fingern hin und her.

«Der Junge, der ihn gekauft hat, hat ihn fallen lassen», sagt Pauline.

«Warum hast du ihm den Schlumpf nicht wiedergegeben?» fragt die Mutter.

«Das ging so schnell. Und dann war der Junge schon weg.»

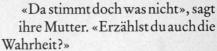

«Da stimmt doch was nicht», sagt ihre Mutter. «Erzählst du auch die Wahrheit?»

«Natürlich», antwortet Pauline. Und sie denkt: Zu blöd, daß sie den Schlumpf gefunden hat.

«Du weißt», sagt ihr Vater, «wer einmal lügt, dem glaubt man nie mehr.»

«Ich lüge aber nicht!» ruft Pauline.

Später beim Schlafengehen sagt die Mutter zu ihr: «Jetzt sei aber mal ehrlich. Hast du den Schlumpf wirklich gefunden?»

«Nein», sagt Pauline. «Die Judith hat ihn mir geschenkt. Sie hat schon den gleichen. Drum hat sie mir einen gegeben.»

«Warum hast du dann die andere Geschichte erzählt?» will die Mutter wissen.

«Weil ihr mir das mit der Judith sowieso nicht geglaubt hättet», sagt Pauline.

Die Mutter nickt. «Da hast du recht. So ganz glaube ich dir das auch nicht.»

«Es ist aber die Wahrheit», sagt Pauline und wird wieder rot. Blöder Schlumpf, denkt sie. Was hab ich mir da eingebrockt?

Am nächsten Morgen sagt ihr Vater zu ihr: «Du hast gestern

doch nicht die Wahrheit gesagt. Ich habe Judith gefragt. Sie hat dir keinen Schlumpf geschenkt.»

Pauline schaut fragend ihre Mutter an. «Gib's zu», sagt die Mutter. «Du hast geklaut.»

Pauline kommen die Tränen. Sie nickt mit dem Kopf.

«Übrigens stimmt das gar nicht», sagt ihr Vater. «Ich habe gar nicht mit Judith gesprochen.»

Pauline sieht ihn fassungslos an. «Du hast mich angelogen», sagt sie leise. Dann weint sie laut auf.

«Das war nicht gelogen», sagt der Vater.

«Es war schon gelogen», sagt die Mutter.

«Du bist so gemein!» schreit Pauline ihren Vater an. «Ich glaub dir nie mehr.»

Der Vater schaut etwas betreten.

«Wir wollen die Sache vergessen», sagt Paulines Mutter. «Aber sei bitte in Zukunft ehrlich. Und das, was du gemacht hast» – jetzt wendet sie sich an den Vater –, «ist eigentlich auch nicht die feine Art. Lügen sind Lügen.».

«Und Klauen ist Klauen», sagt der Vater. Und zu Pauline: «Du mußt den Schlumpf wieder zurückbringen.»

«Wohin?» fragt Pauline.

«Dahin», sagt der Vater, «wo du ihn herhast.»

Wie soll ich das nur machen, denkt Pauline.

Ostermorgen

Pauline kommt aus dem Garten in die Wohnung gelaufen. Sie hält ein Körbchen mit bunten Eiern hoch. «Ich hab sie alle gefunden!» ruft sie.

«Bist du auch auf keins draufgetreten?» fragt ihr Vater.

«Laß mal zählen», sagt die Mutter, und sie zählt die Ostereier.

«Eins fehlt noch.»

«Das such ich später», sagt Pauline. «Wann kommt denn die Oma nun?»

«Sie wird bald da sein», meint die Mutter.

Da hupt es draußen auch schon.

«Die Oma ist da!» ruft Pauline und läuft hinaus. Die Mutter und der Vater folgen ihr.

Paulines Oma steigt gerade aus dem Auto.

«Hallo, mein Schatz», sagt sie zu Pauline.

«Schön, daß du endlich da bist», ruft Pauline. Die Oma und die Mutter umarmen sich. Auch Paulines Vater gibt der Oma einen Kuß auf die Wange. Dann gehen sie alle in die Wohnung.

Die Oma kramt in ihrer Reisetasche.

«Ich hab dir auch etwas mitgebracht», sagt sie und holt ein Körbchen heraus.

«Noch einmal Ostereier», stellt Pauline fest.

«Und ein Osterhase aus Schokolade», sagt die Oma.

«Jetzt gibt es wochenlang Eier zu essen», meint Paulines Vater. «Das wird eine Freude.» Und er zwinkert der Oma zu.

«Was machen wir bei dem schönen Wetter?» fragt Paulines Mutter.

«Ich möcht in den Tierpark!» ruft Pauline. «Aber nur mit der Omi!»

«Wenn ihr also nichts dagegen habt», sagt die Oma zu Paulines Mutter und Vater, «gehe ich mit eurer Tochter in den Tierpark. Aber erst muß ich ein Päuschen machen nach der langen Fahrt.»

«Wir haben nichts dagegen, verehrte Schwiegermutter», sagt Paulines Vater.

Nach einer Stunde fühlt sich die Oma wieder frisch, und sie fährt mit Pauline los.

«Warum fährst du so langsam?» fragt Pauline. «Die Mama fährt immer viel schneller.»

«Weil ich mich hier nicht so gut auskenne», sagt die Oma. «Außerdem ist eine alte Frau kein D-Zug.»

«Du bist doch nicht alt», meint Pauline.

«Danke schön», sagt die Oma.

Dann sind sie auch schon da. Heute ist es ziemlich voll im Tierpark. Aber Pauline mag das, wenn viele Leute dort sind. Wie immer gehen sie an den Giraffen vorbei zuerst zu den Affen. Die Schimpansen dürfen bei dem schönen Wetter draußen rumtoben.

«So stell ich mir vor, daß es bei euch im Kindergarten zugeht», sagt die Oma.

Von den Affen gehen sie zu den Elefanten. Dahinter steht gleich das Raubtierhaus. Da stinkt es immer fürchterlich. Im Freigehege dösen zwei Löwen in der warmen Mittagssonne.

«So sieht der Opa immer aus, wenn er schläft», meint Pauline.

«So hat er ausgesehen, Kindchen», sagt die Oma. «Mein Gott, wie die Zeit vergeht. Er ist noch kein Vierteljahr tot, und mir kommt das schon so lang vor.» Dabei schaut sie ganz traurig und drückt Paulines Hand fest.

Auch Pauline ist ein bißchen traurig geworden, aber das geht schnell vorüber. Denn jetzt sind sie bei den Pinguinen, Eisbären und Seehunden. Die Eisbären sind langweilig, aber die Pinguine sehen lustig aus – wie kleine Männer im Frack. Und die Seehunde flitzen durch das Wasser, tauchen manchmal hoch und schreien dabei ganz komisch.

Langsam machen sich Pauline und die Oma auf den Rückweg. Pauline schleckt an einem Eis. Sie kommen noch an Zebras, Büffeln, Känguruhs, Wölfen, Bären, Wildpferden und vielen bunten Vögeln vorbei. Auch in das Schlangenhaus muß Pauline noch hineingehen. Sie hat zwar ein bißchen Angst vor diesen Tieren, aber gerade deswegen will sie sie immer wieder anschauen. «Igitt, sind die gräßlich», sagt sie. Und dabei läuft es ihr kalt den Rücken hinunter. Aber das Gefühl ist ihr nicht unangenehm.

«Ich träume manchmal von großen Spinnen», sagt Pauline zur Oma, «und die heißen Panzerknüller.»

«Wie?» fragt die Oma und lacht.

«Panzerknüller», sagt Pauline.

«So ein komisches Wort», meint die Oma.

Auf der Heimfahrt sagt Pauline: «Schade, daß der Opa nicht mehr dabei sein kann.» Die Oma nickt.

Dann schweigen beide, bis sie zu Hause angekommen sind.
Der Vater und die Mutter stehen schon am Gartentor.
«War's schön?» fragt die Mutter.
«Toll war's mit der Omi!» ruft Pauline.
«Wer fängt mich?» fragt Pauline und läuft durch den Garten.
Ihr Vater rennt hinterher. «Na, warte! Gleich hab ich dich!»
ruft er. Dann bleibt er plötzlich stehen. «Scheiße», sagt er und
schaut auf seinen Schuh.
Pauline kommt neugierig heran. Unter der Schuhsohle quillt
es weiß und gelb und bunt hervor.

«Da haben wir ja das Osterei, das du heute morgen nicht
gefunden hast», sagt der Vater. «Aber jetzt ist es Rührei.
Prost Mahlzeit. Und ausgerechnet mir muß das passieren.»
Pauline und ihr Vater schauen sich an. Dann müssen sie beide
fürchterlich lachen.

Jetzt müssen die Väter ran!

hat Frau Hornig, die Kindergärtnerin, gesagt. Denn es ist
wieder soweit: Der Sand in den Sandkästen muß ausgewech-
selt werden.
Paulines Vater macht auch mit. Er hat die alten Sachen angezogen, die er immer trägt, wenn er im Garten arbeitet. Aus
dem Keller hat er Schaufeln und den Schubkarren geholt.
Dann kommt auch schon Georgs Vater. Der hat einen Liefer-
wagen. In den paßt das Werkzeug rein. Pauline und Georg
wollen mithelfen, deshalb fahren sie mit zum Kindergarten.
Es ist Samstag. Da ist der Kindergarten sonst geschlossen.
Aber heute wird ja dort gearbeitet, und es sind auch schon

andere Väter da. Ein gro-
ßer Container steht auf
dem Vorplatz – da soll der
alte Sand rein.

«Dann wollen wir mal»,
sagt einer der Väter. Sie bil-
den Gruppen. Einige stel-
len sich in die beiden Sandkästen und schaufeln die
Schubkarren voll. Andere
schieben die gefüllten
Schubkarren weg, über
Bretter auf den Container
hinauf, und leeren sie aus.
Auf dem Container stehen
andere Väter und verteilen
den Sand.

Und dazwischen wurlt es
von Kindern, die auch helfen wollen. Ein paar haben
kleine Schaufeln und
Schubkarren mitgebracht.
Aber bald wird es den meisten Kindern langweilig,
und sie setzen sich lieber
auf die Schaukeln und auf
das Holzhäuschen, um
den Vätern zuzuschauen.
Die sind inzwischen or-
dentlich ins Schwitzen gekommen, besonders die
mit den Schubkarren.

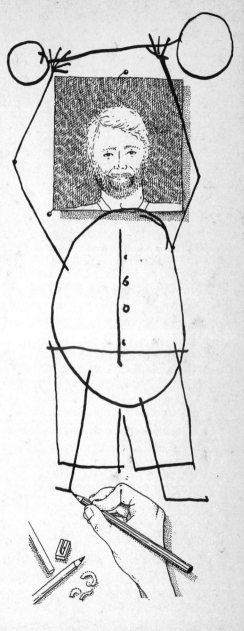

Auch Paulines Vater hat schon die Jacke ausgezogen und die Ärmel hochgekrempelt. Er ist einer von den Schubkarrenfahrern. Wenn er den Schubkarren hochnimmt, schwellen die Adern an seinen Armen an. Mein Vater ist stark, denkt Pauline, viel stärker als die anderen. Und sie ist stolz auf ihn.

Die Männer rufen sich bei der Arbeit Scherzworte zu. Auf einmal lachen sie alle laut. Einer von ihnen hat es nicht ganz geschafft, auf den Container zu kommen, und dabei ist ihm der Schubkarren umgekippt und der Sand neben den Container gefallen.

«Brotzeit!» ruft in dem Moment Frau Hornig. Sie trägt belegte Brote zu den kleinen Holztischen im Schatten der Bäume. Die Väter setzen sich an die Tische und greifen zu.

«Das gibt ganz schön Kohldampf», sagt einer von ihnen.

«Und Durst», sagt ein anderer.

Aber auch daran hat Frau Hornig gedacht. Ein Kasten Bier steht bereit, und fast alle Männer, auch Paulines Vater, holen sich eine Flasche.

Pauline kennt nur wenige der Väter. Die meisten kommen nie in den Kindergarten. Aber jetzt sitzen sie zusammen, essen, trinken und unterhalten sich, als ob sie immer zusammen wären.

Pauline geht zu ihrem Vater. Sein Hemd ist durchgeschwitzt.

Auch seine Haare sind verklebt. Aber er ist fröhlich. «Willst du mal abbeißen?» fragt er Pauline. «Vom Bier kriegst du aber nichts, das ist für Erwachsene.» Die anderen Väter lachen darüber.

«Wir sind schon ganz schön weit», sagt dann einer.

«Zwei Stunden noch», meint ein anderer, «dann haben wir's geschafft.»

«Prost», sagt Georgs Vater und hebt seine Bierflasche.

«Prost», sagen auch die anderen.

«Man sollte öfter was zusammen machen», meint einer der Väter. Die anderen nicken.

«So war es auch gemeint, als ich euch zusammengetrommelt habe», sagt Frau Hornig, die gerade dazukommt. «Will noch jemand ein Brot?»

«Auf geht's, Endspurt!» sagt Georgs Vater. «Wir können hinterher immer noch zusammensitzen.»

Die Männer gehen wieder an die Arbeit. Auch Paulines Vater erhebt sich und wischt sich die Hände an seinem Hemd ab. Im Vorbeigehen streicht er Pauline übers Haar.

Schön, daß heut mal lauter Väter da sind, nicht immer bloß die Mütter, denkt Pauline. Sie schaut zu ihrem Vater, der schon wieder mit voller Schubkarre den Container ansteuert. Und sie denkt: Er hat wirklich die meiste Kraft.

Warum hat der Mann keine Beine?

fragt Pauline. Sie ist mit ihrer Mutter zum Einkaufen in der Stadt. Vor einem Geschäft sitzt ein Mann auf dem Boden. Er hat ein zerfurchtes Gesicht und trägt alte, schmutzige Kleidung. Vor sich hat er einen Hut gelegt. Da sind schon ein paar Geldstücke drin. Und: Er hat keine Beine. Seine Hosen sind knapp über der Stelle, wo bei anderen Leuten die Knie sind, zusammengebunden.

«Nicht so laut», sagt Paulines Mutter. Sie kramt in ihrer Geldbörse und holt dann eine Münze heraus. «Das kannst du ihm in den Hut tun.»

Pauline nimmt die Münze und geht vorsichtig auf den Mann zu. Dann wirft sie schnell das Geld in den Hut und läuft zurück zu ihrer Mutter. Der Mann hat überhaupt nicht hochgeblickt. Beim Weitergehen fragt Pauline noch einmal: «Warum hat denn der Mann keine Beine?»

«Vielleicht hat er sie im Krieg verloren», sagt die Mutter. Pauline weiß jetzt schon, was Krieg ist. Im Fernsehen sind manchmal solche Bilder, wo Leute aufeinander schießen oder Flugzeuge etwas abwerfen, und dann brennen Häuser, und es gibt viel Rauch.

«Er kann aber auch einen Unfall gehabt haben», sagt Paulines Mutter. «Mit dem Auto oder mit dem Motorrad oder bei der Arbeit. Das passiert alles so schnell, und das kann jedem passieren.»

«Mir auch?» fragt Pauline.

«Sicher», sagt die Mutter, «wenn du nicht aufpaßt. Darum dürfen kleine Kinder nur auf dem Gehsteig Rad fahren.»

«Lieber wär ich tot als keine Beine haben», sagt Pauline.

«Das kann man nicht sagen», meint die Mutter. «Vielleicht ist der Mann ganz froh, daß er wenigstens noch lebt. Aber schlimm ist so was schon.»

«Wie kommt denn der Mann aufs Klo?» fragt Pauline.

«Da müssen ihm wahrscheinlich andere helfen», sagt die Mutter. «Aber da ist er nicht der einzige. Schau mal da rüber!»

Pauline folgt dem Blick ihrer Mutter. Auf der anderen Straßenseite sitzt ein junges Mädchen in einem Rollstuhl und wird von einem jungen Mann, der einen Bart und lange Haare hat, geschoben.

«Aber die hat doch noch Beine», sagt Pauline.

«Sie kann sie aber nicht bewegen», erwidert die Mutter, «und deswegen braucht sie Hilfe.»

«Und darum schiebt sie der Mann?» fragt Pauline.

«Ja», sagt ihre Mutter, «das sind oft Leute, die nicht schießen lernen wollen, damit sie später nicht auf andere Menschen schießen müssen. Aber das ist eine komplizierte Sache.»

«Ich würde auch lieber den Rollstuhl schieben als auf andere schießen», meint Pauline. «Aber der Georg will immer mit seiner Wasserpistole auf mich schießen.»

«Der Georg versteht das halt noch nicht», sagt die Mutter.

Pauline fährt ans Meer

«Warum fährst du nicht mit?» fragt sie ihren Vater.

«Weil mir das zu langweilig ist», sagt der Vater. «Dauernd der blöde Strand und nur Deutsche dort. Das ist mir zu doof.»

«Wer es sich erlauben kann rumzureisen, ist natürlich gut dran», sagt Paulines Mutter spitz. «Mir bleibt ja nichts anderes übrig, als mich mit deiner Tochter an den Strand zu hokken. Es wäre schön, wenn wir einmal was zusammen machen könnten.»

«Pauline ist auch deine Tochter», sagt der Vater. «Wenn sie größer ist, werden wir im Urlaub schon noch was zusammen machen.»

«Da können wir ja noch lange warten», sagt die Mutter. «Aber wie du meinst.»

Schon wieder streiten sie, denkt Pauline. Ich hätt mich auch gefreut, wenn der Papi mitgefahren wär.

Am nächsten Morgen brechen Pauline und ihre Mutter auf. Das Auto ist bis obenhin vollgepackt.

«Ihr seht ja», sagt Paulines Vater, «daß für mich gar kein Platz mehr im Auto ist.»

Paulines Mutter sagt kein Wort.

«Schöne Ferien wünsch ich dir», sagt der Vater zu Pauline.

«Du wirst sicher wieder ganz knubbelig braun zurückkommen. Schreib mir doch eine Karte und ruf auch mal an.»

«Klar», sagt Pauline. «Tschüs, Papi.»

Sie winkt aus dem Rückfenster, bis das Auto um die nächste Ecke gebogen ist.

Auf der Autobahn ist viel Verkehr. Aber wie immer bei längeren Fahrten schläft Pauline nach kurzer Zeit ein. Als sie wieder aufwacht, sieht die Landschaft ganz anders aus als zu Hause. Weit und breit sind keine Berge zu sehen. Alles ist flach, auch die Häuser. Der Himmel ist tiefblau.

«Sind wir schon in Italien?» fragt sie.

«Schon lange», sagt die Mutter. «Du hast alles verschlafen. Auch, wie wir über die Grenze gefahren sind.»

«Ist es noch weit bis zum Meer?» fragt Pauline.

«Wir sind gleich da», sagt Paulines Mutter. Und da sieht Pauline in der Ferne auch schon das Meer.

Sie biegen auf eine kleine staubige Straße ab und stehen nach ein paar hundert Metern vor der Einfahrt zu einer Art Park mit kleinen Holzhäuschen. In der Ferne sind große Hausklötze zu sehen.

«Da drin möchte ich auch nicht Urlaub machen», sagt die Mutter. «Aber hier können wir's aushalten.»

Sie steigen aus.

«Ist das warm!» ruft Pauline.

«Deswegen fahren wir ja nach Italien», sagt die Mutter.

Die nächsten zwei Stunden vergehen mit Anmelden, Auspakken und Sich-Einrichten. Pauline gefällt das Häuschen gut, wo sie wohnen werden. Davor ist eine Terrasse und daneben ein Stellplatz mit einem Strohdach – da wird das Auto druntergestellt.

Als sie alles eingeräumt haben, machen sie einen Bummel durch das Feriendorf. «Das ist schöner als das Dorf vom letzten Jahr», sagt Paulines Mutter.

Beim Eingang zum Dorf kann man telefonieren. Pauline will ihren Vater anrufen. Die Mutter wechselt Geld in Telefonmünzen, denn nur mit denen kann man hier telefonieren. Dann muß Pauline viele Ziffern wählen und schließlich die Telefonnummer von zu Hause. Es dauert eine Weile, endlich knackt es im Telefon, und sie hört das Tuten. Am anderen Ende wird abgehoben. Es ist Paulines Vater. Seine Stimme ist ganz weit weg.

«Also seid ihr gut angekommen», sagt er. «Habt ihr schönes Wetter?»

«Ganz heiß ist es hier», sagt Pauline.

«Das ist recht», meint der Vater. «Bei uns regnet es wieder mal.»

Die letzte Telefonmünze fällt im Apparat nach unten. Die Mutter gibt Pauline ein Zeichen. Schnell sagt Pauline noch: «Tschüs, Papi!» Dann ist die Verbindung unterbrochen.

Die nächsten Tage vergehen sehr schnell. Pauline und ihre Mutter sind oft am Meer. Da fahren ganz weit am Horizont manchmal große Schiffe vorbei. Das Wasser ist warm, und man kann viele Meter hineingehen. Es wird nur ganz allmählich tiefer. Einmal hat Pauline Wasser geschluckt, und das hat ihr gar nicht geschmeckt – es war so salzig. Am Strand liegen oft kleine tote Krebse. Vor denen ekelt sich Pauline ein bißchen. Aber daß hier so viele schöne Muscheln angeschwemmt werden, macht ihr Spaß. Sie sammelt sie eifrig und hat bald einen ganzen Eimer voll.

In der Mittagshitze sind Pauline und ihre Mutter immer im Häuschen. Aber trotzdem brennt Paulines Haut nach ein paar Tagen und ist ganz rot. Die Mutter streicht eine Salbe drauf, die angenehm kühl ist. Zwei Tage lang gehen sie nicht an den Strand. Pauline schreibt eine Karte an ihren Vater und eine an Judith, eine an Georg und eine an Gwendolyn. Auch kleine Ausflüge machen sie. In einem Fischerdorf in der Nähe sehen sie zu, wie die Fischer mit ihren Booten ausfahren und wieder zurückkommen. Beim Ausladen sind die Netze voll mit zappelnden Fischen, aber auch Krebsen, Muscheln und Tintenfischen. Am Strand sitzen alte Männer und reparieren die Löcher in den Netzen. Es riecht nach Fisch, Öl und fauligem Wasser – ganz anders als zu Hause. Das ist für Pauline sehr aufregend.

Zum Abendessen fahren sie immer in ein kleines Gasthaus ein paar Kilometer vom Feriendorf entfernt. Man kennt Pauline und ihre Mutter dort schon. Meistens essen sie eine Pizza oder Spaghetti. Die schmecken viel besser als zu Hause. Nach dem Essen gibt es immer einen großen Eisbecher für Pauline. Sie weiß, daß «prego» bitte heißt und «grazie» danke. Der dunkelhäutige, schnauzbärtige Wirt lacht immer, wenn Pauline auf seine Frage, was sie essen will, «Spaghetti, prego» sagt und «grazie», wenn er die Teller bringt.

Mit den anderen Kindern im Feriendorf hat sich Pauline längst angefreundet. Es sind alles deutsche Kinder.

«Warum sind hier keine italienischen Kinder?» fragt sie einmal ihre Mutter.

Die Mutter sagt: «Die machen wahrscheinlich woanders Urlaub.»

Schade, denkt Pauline. Ich hätte gerne gewußt, wie das ist, wenn man mit Italienerkindern spielt.

Noch ein Einkaufsbummel in einem Städtchen und eine kleine Dampferfahrt – da ist der Urlaub auch schon zu Ende. «Wie immer viel zu schnell», meint Paulines Mutter. Sie pakken wieder alles ein. Das Auto ist jetzt noch voller als bei der Herfahrt. Die Mutter hat ja für sich und Pauline hübsche Sachen zum Anziehen gekauft, und Pauline hat zwei Eimer voll Muscheln. «Die schönste schenk ich dem Papa», sagt sie. Dann brechen sie auf.

«Wenn du dich umdrehst, kannst du ein letztes Mal das Meer sehen», sagt Paulines Mutter.

Pauline blickt nach hinten und sieht einen schmalen, blauen Streifen. Dann ist er auch schon weg.

«Es war schön am Meer», sagt Pauline, «und gar nicht langweilig, wie der Papa immer sagt. Aber jetzt freu ich mich auch wieder auf den Papa und auf den Trulli und auf meine Freunde. Ob der Papa die Karte schon hat?»

«Ich glaube, wir sind auch diesmal wieder schneller als die italienische Post», sagt die Mutter. Dann gibt sie Gas, und an den Seitenfenstern fliegen die Telegrafenmasten vorbei. Pauline ist eingeschlafen und wird erst kurz vor der Grenze wieder aufwachen.

Heute ist Sommerfest!

sagt Paulines Vater. «Im Jugendheim. Da sind nicht nur die größeren, sondern auch kleine Kinder eingeladen. Ich muß sowieso hin, weil ich darüber schreiben und ein paar Fotos machen muß. Hast du Lust mitzukommen?»

«Au ja!» ruft Pauline.

Der Vater hängt die Kamera um, und sie gehen los.

Schon von weitem, sie sehen das Heim noch gar nicht, hören sie Jubeln und Schreien. «Da ist wohl mächtig was los», sagt Paulines Vater.

Dann sind sie da. Der Vater begrüßt den Heimleiter. «Wie geht's, Olaf?» fragt er.

«Gut geht's», sagt Olaf. «So viele Kinder wie heute hatten wir noch nie.»

«Hier kommt noch eins», sagt Paulines Vater. «Ich hab meine Tochter endlich mal mitgebracht.»

«Grüß dich, Kleine.» Olaf drückt Pauline die Hand.

«Au», sagt Pauline.

«Entschuldige», sagt Olaf. «Das war wohl ein bißchen zu fest.»

Auf der großen Wiese hinter dem Gebäude toben eine Menge Kinder herum. Da gibt es eine Wurfbude, sieht Pauline. Und in einer anderen Bude, erzählt Olaf ihr, kann man für fünfzig Pfennig selbst eine Torte aus Teig, Sahne, Gummibären und Schokostreuseln machen. Es ist egal, wie groß die Torte wird: sie kostet immer nur fünfzig Pfennig.

Dann ist da noch ein langer Schlauch. Durch den können die Kinder durchrobben. Wenn sie am anderen Ende sind, bekommen sie ein Bonbon.

An der einen Seite des Jugendheims ist ein kleiner Biergarten aufgebaut. Da gibt es Bier und Limonade. Auf Holzkohlenfeuern brutzeln Würstchen und Koteletts. In dem Biergarten sitzen fast nur ältere Leute und schauen dem Treiben auf der Wiese zu.

«Die sind nicht immer so freundlich wie heute», sagt Olaf. «Manchmal beschweren sie sich auch über den Krach in unserem Heim. Aber deshalb machen wir solche Feste. Damit sie sehen, daß es bei uns ordentlich zugeht.»

Paulines Vater nickt und macht ein paar Fotos.

Der meiste Trubel ist in der Mitte der Wiese. Da steht ein Feuerwehrauto. Daneben ist ein großes Wasserbett aufgebaut. Darum herum stehen Kinder und spritzen mit Feuerwehrschläuchen auf das Wasserbett. Das ist deshalb ganz naß und rutschig. Und andere Kinder versuchen hochzuklettern, rutschen dann aber ab, klettern wieder hoch, balancieren auf dem Wasserbett, bis sie wieder hinfallen und abrutschen.

«Da will ich mitmachen!» ruft Pauline. Sie zerrt sich Bluse und Rock runter. «Aber ich hab keine Badehose dabei», fällt ihr ein.

«Das macht doch nichts», sagt ihr Vater. «Deine Unterhose sieht doch aus wie eine Badehose.»

Und schon ist Pauline mittendrin in dem johlenden Haufen, der auf das Wasserbett hochkommen will.

Plötzlich hört sie Olafs laute Stimme. Er hält so etwas wie eine Metalltüte vor dem Mund und sagt: «Alle mal herhören! Wer will, kann sich schminken und verkleiden. Es gibt dann eine Maskenprämierung.»

Pauline läuft zu ihrem Vater, der sich mit ein paar Leuten unterhält. «Da möcht ich mitmachen», sagt sie. Sie zieht die nasse Unterhose aus und schlüpft in Rock und Bluse. Dann folgt sie den Kindern, die sich auch kostümieren wollen.

In einem Zimmer im Jugendheim liegen alle möglichen Kleidungsstücke auf einem Haufen. An der Wand sind mehrere Spiegel. Neben einem Spiegel hängt ein Plakat: «Circus Boncnalli». Ein lachender Clown ist darauf abgebildet. Ich mach einen Clown, denkt Pauline.

Für die Kinder sind Buntstifte, Malkästen, Pinsel und mit Wasser gefüllte Becher da. Pauline schaut sich im Spiegel an. Dann blickt sie auf den Clown, der vom Plakat herablacht.

Sie zieht schwarze Striche über und unter ihren Augen. Das Gesicht färbt sie ganz weiß. Nur einen großen roten Mund malt sie, und die Nase und die Backen werden auch rot. Jetzt sieht sie dem Clown ziemlich ähnlich. Aus den Klamotten am Boden fummelt sie sich irgendwelche Stücke zum Drüberhängen heraus, einen kleinen, runden, schwarzen Hut und Schuhe, die viel zu groß sind. Fertig! Die anderen Kinder haben auch ganz bunte Gesichter. Manche sehen wie Teufel oder Hexen aus oder wie Bettler oder Räuber.

«Seid ihr fertig?» hören sie Olafs Stimme von draußen.

Sie laufen hinaus. Die Leute lachen und klatschen in die Hände.

«Bitte aufstellen zur Preisverleihung!» ruft Olaf. Die Kinder stellen sich in einer Reihe auf.

«Wir haben fünf Hexen, drei Teufel und jede Menge von seltsamen Figuren», sagt Olaf. «Und nicht zu vergessen: auch einen Clown. Wer soll den ersten Preis kriegen?»

«Die Hexe da! Nein, der zweite Teufel von links! Der Clown, der Clown! Der Räuber mit dem großen Hut!» rufen die Kinder, die sich nicht kostümiert haben, durcheinander.

Hoffentlich krieg ich den ersten Preis, denkt Pauline. Sie sieht ein paar Meter weg ihren Vater stehen. Als sich ihre Blicke treffen, winkt der Vater ihr zu. Aber Pauline schaut schon wieder zu Olaf.

«Das wird schwierig», sagt Olaf. «Ich finde eigentlich alle Masken gleich schön. Was meint ihr: Sollen alle den ersten Preis kriegen?»

«Ja, ja, ja!» jubeln die Kinder.

«Dann habt ihr alle gewonnen», sagt Olaf zu den kostümierten Kindern. «Jeder von euch darf sich umsonst eine Portion Würstchen und eine Limonade holen. Außerdem kriegt jeder einen schönen Luftballon.»

Alle lachen und laufen durcheinander. Nur Pauline ist ein bißchen enttäuscht.

«Ich hätt gern allein den ersten Preis gekriegt», sagt sie auf dem Heimweg zu ihrem Vater.

«Du warst wirklich der schönste Clown», meint der Vater.

«Du bist doof», sagt Pauline. «Ich war doch der einzige Clown.»

Paß auf, Judith!

ruft Judiths Mutter. Aber da ist es schon passiert. Judith ist über den Rand des Planschbeckens gestolpert und hineingefallen. Es ist noch kein Wasser eingelassen, und Judith hat sich den Kopf auf dem Betonboden angeschlagen. Langsam steht sie auf und versucht zu lächeln. Ihr Gesicht ist aber ganz weiß.

Judiths Mutter steigt in das Becken und hebt sie heraus.

Judith hat sich sehr weh getan, denkt Pauline erschrocken.

«Ist das schlimm?» fragt sie.

«Das weiß ich nicht», sagt Judiths Mutter. «Auf jeden Fall bringe ich sie mal zum Arzt. Du gehst jetzt am besten heim.»

Pauline nickt, wirft noch einen Blick auf Judith, die sich den Kopf hält, und geht dann langsam.

«Die Judith ist ins Planschbecken gefallen», erzählt sie zu Hause ihrer Mutter.

«Und?» fragt die Mutter.

«Ihre Mama bringt sie zum Arzt.»

«Das ist auch vernünftig», sagt die Mutter. «Judith könnte ja eine Gehirnerschütterung haben, und das ist nicht ungefährlich.»

Am nächsten Tag geht Pauline zu Judiths Mutter.

«Wie geht es Judith?» fragt sie.

«Sie ist im Krankenhaus», sagt Judiths Mutter.

«Oh», ruft Pauline erschrocken.

«Es ist wahrscheinlich nicht schlimm», meint Judiths Mutter. «Sie muß sich nur ein paar Tage ruhig verhalten, und das geht am besten im Krankenhaus. Ich wollte gerade hinfahren. Willst du mit?»

«Gern», sagt Pauline. «Ich muß nur noch eben meiner Mama Bescheid sagen.»

Das Krankenhaus ist ein riesiges Gebäude. Im dritten Stock ist die Kinderabteilung. Da sieht es ganz lustig aus. Überall sind Stofftiere und Holzautos zum Spielen. An die Fenster sind bunte Blumen geklebt.

«Das ist ja wie im Kindergarten», meint Pauline.

«Damit sich unsere kleinen Gäste wohlfühlen», sagt die Schwester in der weißen Kleidung, die sie zu dem Zimmer führt, wo Judith ist.

Pauline und Judiths Mutter treten ein. In dem Zimmer stehen vier Betten. Eins ist leer. In einem anderen sitzt ein kleiner Junge mit einem Gipsverband am Arm. Mit der freien Hand blättert er in einem Comic-Heft. Im dritten Bett liegt ein Mädchen und schaut zur Zimmerdecke hoch. Und in dem Bett am Fenster sitzt Judith und winkt fröhlich. Sie hat einen Verband um den Kopf und ist noch recht blaß.

«Wie geht es dir, mein kleiner Liebling?» fragt Judiths Mutter, beugt sich hinab und gibt Judith einen Kuß.

«Gut», sagt Judith. «Der Kopf tut gar nicht mehr weh. Schön, daß Pauline auch mitgekommen ist.»

Pauline kommt zögernd näher. «Das hab ich dir mitge-

bracht», sagt sie zu Judith und gibt ihr eine kleine Gummi-figur. «Du hast doch immer meinen Kuchen-Schlumpf haben wollen. Ich brauche ihn nicht mehr.»

Judith nimmt den Schlumpf und dreht ihn zwischen den Fingern hin und her. «In zwei Tagen darf ich raus», sagt sie. «Dann machen wir ein großes Fest mit unseren Schlümpfen.»

«O ja!» ruft Pauline. «Toll, ich komme bestimmt!»

«Wartet mal einen Moment», sagt Judiths Mutter. «Ich spreche mal eben mit den Schwestern.» Sie verläßt das Zimmer.

«Ich war noch nie im Krankenhaus», sagt Pauline. «Ich glaub, ich wär traurig, wenn ich hier so allein sein müßte.»

«Ich bin doch gar nicht allein», meint Judith. «Hier sind so viele Kinder, mit denen ich spielen kann. Und die Schwestern sind auch so nett. Von denen darf ich mir alles wünschen.»

«Aber deine Mama ist doch nicht hier.»

«Die Mama fehlt mir schon», antwortet Judith. «Aber es dauert ja nicht mehr lang.»

«Wenn ich mal ins Krankenhaus muß», sagt Pauline, «besuchst du mich dann auch?»

«Sicher», sagt Judith.

Da kommt Judiths Mutter wieder herein. «Ich habe auch mit dem Arzt reden können», sagt sie. «Du hast keine Gehirnerschütterung. Er meint, du hast Glück gehabt. Übermorgen hole ich dich wieder heim.»

Nach einer Stunde fahren Judiths Mutter und Pauline wieder zurück.

«Ich möcht auch im Krankenhaus sein», sagt Pauline.

«Wieso denn das?» fragt Judiths Mutter.

«Da darf man sich alles wünschen, kriegt Besuch und hat viele Kinder zum Spielen», erklärt Pauline.

Judiths Mutter schaut sie an. «Hast du das denn zu Hause nicht?» fragt sie.

«Doch», sagt Pauline nach einer kleinen Pause. «Aber im Krankenhaus ist das irgendwie anders.»

«Aha, darum», sagt Judiths Mutter und lacht. «Aber das ist ganz einfach. Du mußt nur so unvorsichtig sein wie Judith. Dann kommst du auch bald ins Krankenhaus.»

«Es darf mir aber nichts weh tun, sonst möcht ich nicht rein», sagt Pauline.

Pauline kommt in die Schule

Die Sommerferien sind fast vorüber. Nach und nach waren alle Freunde Paulines für ein paar Wochen mit ihren Eltern verreist. Auch Pauline hat eine kleine Reise gemacht. Sie war ein paar Tage bei ihrer Oma. Sie haben viel miteinander gespielt, sind gewandert und im Hallenbad gewesen. Beim Grab vom Opa waren sie auch und haben es geschmückt.

Seit drei Wochen ist nun Paulines Vater weg. Er hat die Kamera eingepackt und ist allein mit dem Zug nach Italien gefahren. «Rumschauen, unter den Leuten dort leben, nicht an einem blöden Strand hocken», hat er gesagt. Paulines Mutter war es gar nicht recht, daß er wieder allein losgefahren ist. Auch Pauline war zuerst ein bißchen traurig. Aber dann hat ihr Vater mehrmals angerufen und gesagt, daß es ihm gutgeht und ihm nur Pauline ein bißchen fehlt. Auch eine bunte Ansichtskarte hat er geschickt. Darauf ist eine Stadt mit einem Fluß, mit Brücken und vielen hohen Türmen. «In Florenz treibt er sich also herum», hat Paulines Mutter gesagt. So heißt die Stadt, aus der die Karte kam.

Jetzt denkt aber Pauline an etwas ganz anderes. Übermorgen fängt für sie die Schule an, und da will sie ihren Vater dabei haben. «Ob der Papa rechtzeitig kommt?» fragt sie.

«Sicher», sagt ihre Mutter. «Dich läßt er nicht im Stich.»

Gegen Abend läutet es Sturm. Trulli, der kleine schwarze Hund, rast bellend hinaus. Pauline folgt ihm. Draußen steht der Vater. Er hat den Koffer abgestellt. Trulli springt freudig an ihm hoch.

«Papi!» ruft Pauline und läuft auf ihn zu. Er fängt sie, hebt sie hoch und dreht sich ein paarmal mit ihr. Dabei lacht er über das ganze Gesicht. «Auf dich hab ich mich am meisten gefreut», sagt er. Er ist braungebrannt, sieht aber müde aus und riecht ganz anders als sonst.

«Du riechst anders», sagt Pauline.

«Das liegt wohl am italienischen Essen und an der italienischen Luft», meint der Vater. «Ich habe sicher auch zugenommen.»

Sie gehen in die Wohnung. Dabei hört Pauline, wie ihre Mutter leise, aber ziemlich bestimmt zu ihrem Vater sagt: «Ich mach das nicht mehr mit. Wie wär's, wenn du dir eine eigene Wohnung suchst?»

«Ich bin dabei», sagt der Vater ebenso leise. «Aber es ist nicht einfach.»

Der Papi soll nicht ausziehen, denkt Pauline.

Dann packt der Vater aus. Für Paulines Mutter hat er italienischen Kaffee und ein Seidentuch mitgebracht, für Pauline ein Bilderbuch und Zopfspangen mit eingelegten bunten Steinen. «Echte Handarbeit», sagt er. Nur den Trulli hat er vergessen, dem hat er nichts mitgebracht. Aber der Trulli freut sich auch so, daß Paulines Vater wieder da ist.

«Was gibt es Neues?» fragt der Vater.

«Übermorgen fängt die Schule an», sagt Pauline.

«Donnerwetter, da bin ich ja gerade rechtzeitig zurück», tut der Vater erstaunt, lacht dann aber. «Ich hätte es schon nicht vergessen.»

Zwei Nächte noch. Pauline ist ganz aufgeregt und kann kaum schlafen. Dann ist der erste Schultag da. Pauline und ihre Eltern machen sich gemeinsam auf den Weg. Es ist nicht weit. Pauline hält stolz eine riesige Schultüte im Arm. Darin sind Süßigkeiten und verschiedener Krimskrams. Auf dem Rükken trägt sie ihren neuen Schulranzen. Der ist noch leer.

Auf dem Schulhof sind schon viele andere Kinder mit ihren Eltern. Alle haben Schultüten und Schulranzen dabei. Pau-

line entdeckt Judith und läuft zu ihr. Dann gehen sie alle in
den Turnsaal. Dort hält der Leiter der Schule eine kurze
Ansprache.

Und jetzt wird es spannend. Die Eltern haben gehofft, daß
möglichst viele Kinder aus dem Kindergarten zusammen in
eine Klasse kommen. Der Schulleiter liest die Namen vor und
gibt jedem der aufgerufenen Kinder die Hand. Pauline freut
sich. In ihrer Klasse sind auch Georg, Ferdinand, Judith und
andere Kinder aus dem Kindergarten.

Anschließend gehen sie das erste Mal in ihr Klassenzimmer.
Da sieht es nicht viel anders aus als im Kindergarten. Pauline
sitzt neben Georg. Die Eltern stehen noch herum. Die Klas-

senlehrerin sagt ein paar Worte, daß sie alle gut miteinander auskommen wollen und daß sich die Eltern jederzeit an sie wenden können, wenn es irgendwelche Schwierigkeiten gibt. Dann schickt sie die Eltern weg und sagt, sie könnten die Kinder in einer Stunde wieder abholen.

Die Klassenlehrerin heißt Frau Kettler und gefällt Pauline sofort. Sie hat schon graue Haare, aber lustige braune Augen. «Wir sind leider eine ziemlich große Klasse», sagt sie zu den Kindern. «Deshalb müssen wir uns etwas einfallen lassen, wenn ihr einmal zu laut seid. Das können wir gleich üben.» Sie nimmt ein Glöckchen hoch. «Jetzt seid einmal ganz laut. Wenn ich mit dem Glöckchen klingle, müßt ihr dann aber sofort ganz still sein.»

Die Kinder reden und lachen durcheinander. Frau Kettler hebt das Glöckchen hoch und klingelt. Auf einen Schlag sind die Kinder ganz still.

«Das klappt ja vorzüglich», sagt Frau Kettler. «Über noch etwas müssen wir reden. Ich hätte es gerne, wenn ihr euch gegenseitig helft. Wir haben zum Beispiel den kleinen Nureddin hier, der kommt aus der Türkei, und die Maria und die Clara, das sind spanische Kinder. Die können natürlich nicht so gut Deutsch wie ihr. Wir wollen ihnen also helfen, damit sie sich leichter eingewöhnen. Macht ihr alle mit?»

«Ja!» rufen die Kinder.

Komisch, denkt Pauline. An der Adria habe ich keine ausländischen Kinder getroffen, hier treff ich sie.

Frau Kettler erklärt noch, was die Kinder für Hefte und Stifte brauchen. Dann ist die Stunde auch schon zu Ende. Die Kinder stürmen hinaus. «Wo ist der Papi?» fragt Pauline.

«Er mußte zur Zeitung», sagt ihre Mutter. «Die anderen Väter sind ja auch nicht mehr da, weil sie zur Arbeit müssen. Na, mein großes Kind, wie war denn der erste Schultag?»

«Schön», sagt Pauline. «Auch die Frau Kettler ist so nett.»
Sie machen sich auf den Heimweg.

«Zieht der Papi wirklich aus?» fragt Pauline.

«Ich weiß es nicht», antwortet die Mutter. «Aber vielleicht
wäre es gar nicht so falsch.»

«Ich will aber nicht, daß der Papi woanders wohnt», sagt
Pauline.

«Ich eigentlich auch nicht», meint die Mutter. «Aber manchmal ist es besser, wenn man sich eine Zeitlang nicht sieht.
Ach, ich weiß nicht», sagt sie und seufzt. «Wir sollten aber
deinen ersten Schultag schon noch feiern. Willst du in den
Tierpark?»

«Da war ich doch erst», sagt Pauline.

«Oder ins Kino?» fragt die Mutter.

«Ja, ins Kino», sagt Pauline. «Und hinterher möcht ich Eis
essen gehen.»

«Logisch», sagt die Mutter, «wie immer.»

«Du bist wirklich die liebste Mama der Welt!» sagt Pauline.

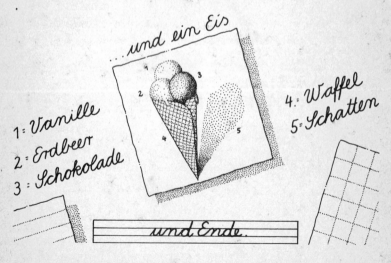

... und ein Eis

1: Vanille
2: Erdbeer
3: Schokolade

4: Waffel
5: Schatten

und Ende.